Claude Gauvard

NOTRE-DAME DE PARIS

Mit Fotografien von
Joël Laiter

Bassermann

Vorwort

»Notre-Dame ist schon recht alt, doch wird man möglicherweise sehen, wie Paris, dessen Geburt sie einst miterlebte, sie bestattet ...«

Diese düstere Vorahnung des französischen Romantikers Gérard de Nerval aus dem Jahr 1835 ist in der Nacht vom 15. auf den 16. April 2019 beinahe Wirklichkeit geworden. Ein Feuer, wohl ausgelöst durch Renovierungsarbeiten, ist während der Messe ausgebrochen, und schon wenig später steht der Dachstuhl der Kathedrale komplett in Flammen. Als um 19:56 Uhr der hölzerne Spitzturm vor den Augen der Einwohner der Stadt und ihrer Besucher, die in Massen zum Unglücksort geströmt waren, in sich zusammenfällt, wissen auch die entsetzten Zuschauer, die das Geschehen weltweit über das Internet verfolgen, dass Paris und ganz Frankreich im Herzen getroffen ist. In den folgenden Stunden wird hier und anderswo geweint, gebetet und gehofft, dass dem Kollaps des Dachreiters nicht der Einsturz des ganzen Bauwerks folgen möge, und dass dieses Kulturerbe der Menschheit und »Symbol der Christenheit in Frankreich und der Welt« – so Papst Franziskus – gerettet werden möge.
Nach bangen Stunden ist das Schlimmste überstanden. Der Brand ist gelöscht und erste gute Nachrichten machen die Runde: Die Reliquien sind gerettet worden, ebenso viele Kunstschätze. Die Außenmauern, das Hauptschiff und die Fassade mit ihren beiden Türmen stehen aufrecht, und die Grundstruktur des Bauwerks kann stabilisiert werden.
In einer Ansprache an die Nation verspricht der französische Präsident Emmanuel Macron seinem Land: »Wir werden Notre-Dame wieder aufbauen. Denn das ist es, was die Franzosen erwarten.« Seit nun auch die Nationalversammlung zugestimmt hat, wird international fieberhaft am perfekten Plan für die perfekte Wiederherstellung des großen französischen Nationalmonuments gearbeitet.
Architekturgeschichtlich gesehen, stehen wir heute an einem ähnlichen Punkt wie Viollet-le-Duc im Jahr 1844, als er die Verantwortung für die Renovierung der Kathedrale Notre-Dame übernommen hatte. Auch er musste sich damals fragen, was man unter originalem Wiederaufbau einer Kathedrale mit mehr als 900-jähriger Baugeschichte verstehen will. Der Baumeister des 19. Jahrhunderts hat darauf eine eigene Antwort gefunden: Rekonstruktion des Mittelalters.
Welchen Weg wird Frankreich nun gehen, und an welchen Zielen wird sich der Wiederaufbau orientieren? Was ist technisch möglich, und was ist finanzierbar? Werfen wir mit diesem Buch einen Blick in die Geschichte der wundervollen Notre-Dame de Paris, und erlauben wir uns Zukunftsvisionen.

Dr. Sabine A. Werner

Einleitung

Dieses Buch ist kein kunstgeschichtliches Werk. Es hat nicht den Bau von Notre-Dame de Paris in der Komplexität seiner Architektur oder seiner Skulpturen im Blick, beschreibt nicht detailliert seine technologischen und dabei bahnbrechenden Fortschritte, es verweilt auch nicht bei der Kühnheit ihrer Restaurierung im 19. Jh., um sie zu rühmen oder eventuelle Fehler aufzuzeigen.

Das vorliegende Buch ignoriert dies alles nicht, sein Thema ist jedoch die Geschichte von Notre-Dame de Paris im Mittelalter. Wie lässt sich in dieser Kathedrale, die heute der Welt offen steht, das subtile mittelalterliche Bauwerk wiederfinden, das von Bischöfen und Chorherren aufgesucht wurde, von den Königen aus ihren benachbarten Palästen und den Parisern, die im Schatten seiner Türme lebten? Als lebendiges Bauwerk trägt Notre-Dame zwischen seinen Mauern nicht das Gewicht einer erstarrten Vergangenheit. Von der Renaissance wurde die Kathedrale vergessen, von den barocken Versuchungen verwandelt, von der Raserei der Revolution verstümmelt, vom Hauch der Romantik idealisiert, und so verflüchtigte sich das Mittelalter unter diesen aufeinanderfolgenden Schichten. Zuerst einmal heißt es daher, den Schleier zu heben, vom Gegenwärtigen aus in die Vergangenheit zurückzugehen und zu versuchen, das anfängliche Projekt wiederzufinden, das Bischof Maurice de Sully 1163 dazu trieb, ein neues Bauwerk nach neuen Prinzipien zu errichten.

Um die mittelalterliche Kathedrale in ihrer gesamten Komplexität zu erfassen, genügte es nicht, sich auf das Bauwerk zu beschränken, wie es Ende des 12. Jh. konzipiert wurde. In den drei darauffolgenden Jahrhunderten, bis zum Ende des 15. Jhs., hat sich der Stellenwert der Kathedrale in der Stadt notwendigerweise weiterentwickelt.

Durch ihre Geschichte hindurch und bis zum heutigen Tag hat sich die Kathedrale jedoch eine bemerkenswerte Einheitlichkeit und ebenso ihre Schönheit bewahrt, deren Ausstrahlung Joël Laiters Fotografien eingefangen haben, einer Schönheit, die von den weitgehend anonymen Baumeistern und Bildhauern des Mittelalters in den Dienst des göttlichen Werkes gestellt wurde und mit deren Verherrlichung sich Viollet-le-Duc befasste. Sie hängt zudem am Geist der Örtlichkeit, wo das Idealgefühl im bearbeiteten Stein in enge Berührung mit einem überaus zügellosen Humor kommen kann. Besser könnte gar nicht vermittelt werden, wie sich das Leben dieser Männer und Frauen des Mittelalters zwischen dem Lachen des Augenblicks und dem Verlangen nach Ewigkeit abgespielt hat.

Bild links:
Viollet-le-Duc, um 1865 fotografiert auf der oberen Balustrade, die die Westfassade mit dem Nordturm verbindet.

Seite 1:
An der Basis des Vierungsturms wachen die zwölf Apostel und die vier Evangelisten (der hl. Lukas in Form eines geflügelten Stiers) über die Kathedrale. Sie wurden etwa 1860 von Geoffroy-Dechaume aus getriebenem Kupfer angefertigt.

Seiten 2–3:
Notre-Dame vom linken Seine-Ufer aus gesehen.

Seiten 4–5:
Das Kirchenschiff wirkt durch das nur sparsame Tageslicht besinnlich.

Seiten 6–7:
Innenansicht der südlichen Fensterrose, die dem Himmlischen Hofstaat gewidmet ist und nun um Christus als Weltenrichter der Apokalypse erstrahlt. Nach einer Beschädigung durch einen Brand im Erzbistum während der Revolution von 1830 wurde sie 1861 von Alfred Gérente umfassend restauriert.

Seiten 8–9:
Szene der Versuchung, Fenster aus dem 13. Jh., das die Kapelle Saint-Guillaume schmückt.

Seite 10:
Jung und Alt im Wechselspiel an der Südfassade des Kirchenschiffs. Dies soll zeigen, dass die Kathedrale für die Einigkeit zwischen den Christen sorgt, die durch die Caritas verbunden sind, diese Art der Liebe, die nach Meinung der Menschen des Mittelalters die Nächstenliebe und die Heilssuche pflegen sollte.

Seite 12:
Tiergroteske am Portal Saint-Étienne.

Seite 16:
Kleine Wasserspeier, Zeichnung von Viollet-le-Duc.

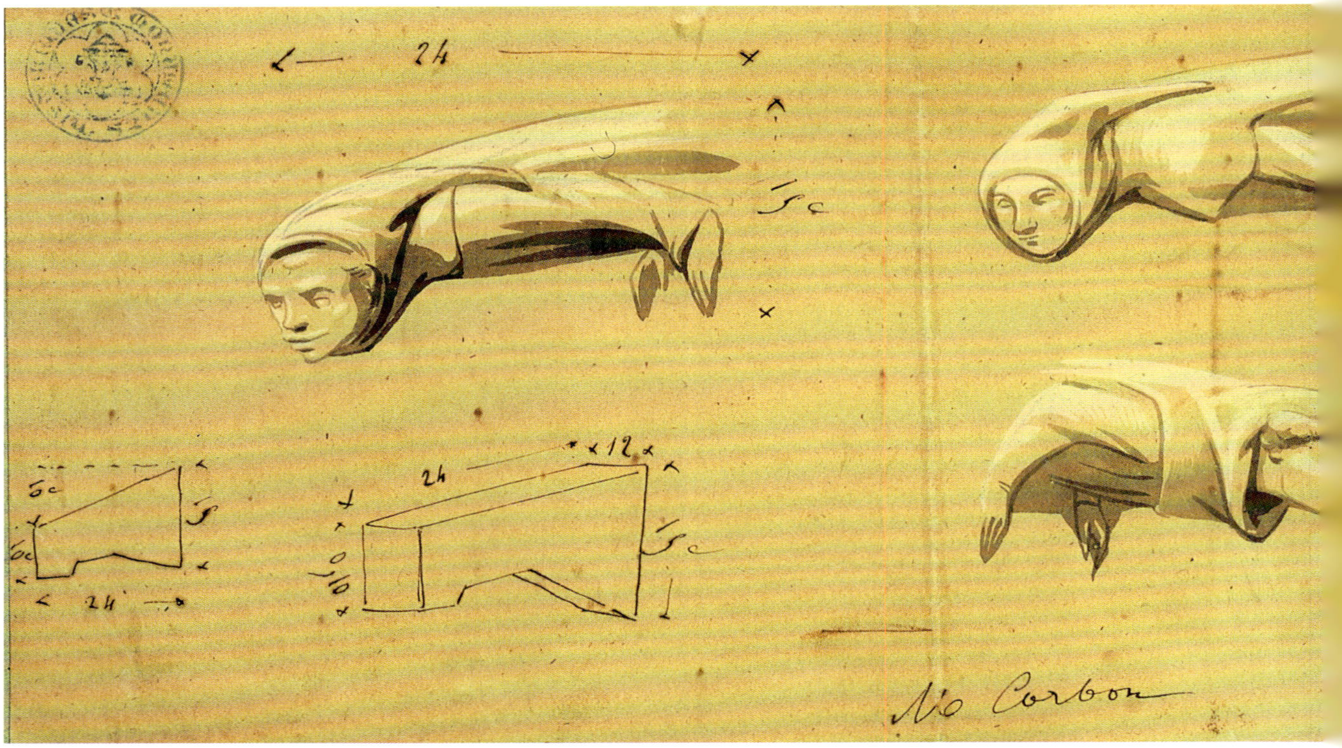

Inhaltsverzeichnis

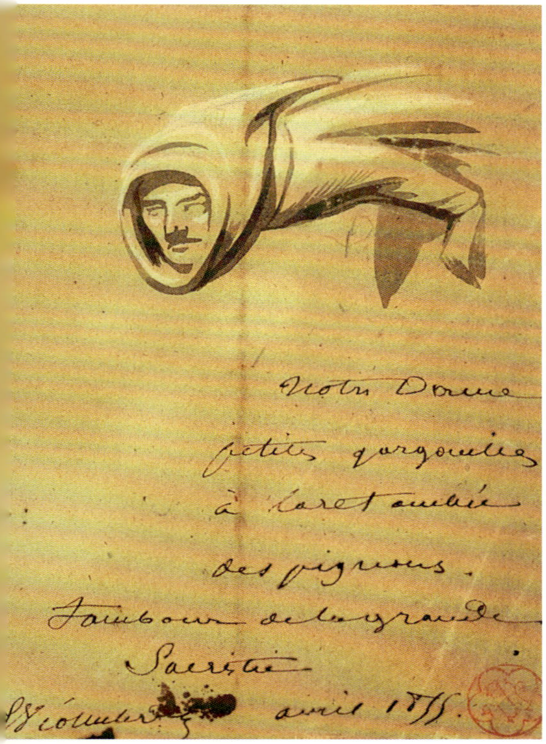

Auf der Suche nach der mittelalterlichen Kathedrale

Stolz wie ein Schiff, das verankert liegt zwischen den beiden Armen der Seine, welche die Île de la Cité einrahmen, präsentiert sich Notre-Dame de Paris als eine besonders ausgewogene gotische Kathedrale. Das gilt im Hinblick auf ihre Apsis mit den Strebebögen, die kaskadenförmig nach unten führen, ihr Hauptschiff, das von einem eleganten Dachreiter über der Vierung gekrönt ist, oder ihre beiden Türme, welche die figurengeschmückte Fassade einrahmen. Der recht freie Vorplatz wird fein säuberlich begrenzt, im Norden von den Gebäuden des Hôtel-Dieu, im Westen von der aktuellen Polizeipräfektur, im Osten und Süden durch die Kais des kleineren Seine-Arms. Von den Türmen herab schweift der Blick auf der Fassadenseite weiter zum Palais de Justice (Justizpalast), wo der Dachreiter der Sainte-Chapelle auftaucht, die im ehemaligen Königspalast erbaut wurde. Die Gärten im Osten und Süden neben der Kathedrale lassen sie noch leichter wirken und laden Passanten ein. Alles scheint strahlenförmig von ihr auszugehen, und da sie sich auch als die Kathedrale Frankreichs versteht, befindet sich an ihrem Fuße der Nullpunkt, von dem aus alle Entfernungen von Paris ins gesamte Land berechnet werden.

Dennoch trägt die Kathedrale, die wir vor uns sehen und die Ende des 20. Jhs. mit Hilfe von Lasertechnik weiter restauriert wurde, schwer an einer Vergangenheit, die sie verändert hat: Das heutige Erscheinungsbild gibt nicht genau die gotische Kathedrale des Mittelalters wieder, deren Bau der Bischof von Paris, Maurice de Sully, 1163 anordnete. Das mittelalterliche Bauwerk hat natürlich die Wandlungen der Zeit erfahren, war aber auch Gegenstand zahlreicher Neugestaltungen. Zumal der Bau 1225, gerade erst beendet, wieder aufgenommen wurde, um Verbesserungen anzubringen. Wer in Notre-Dame de Paris das Mittelalter wiederfinden will, muss daher damit beginnen, die Hintergründe einer Formensprache zu erhellen und zu verstehen, die dem Monument einen Platz in der Geschichte sichern.

VORHERIGE DOPPELSEITE:
Fantasie-Tier, im 19. Jh. von Viollet-le-Duc erschaffen. Es ziert an der Fassade der Kathedrale die Balustrade der Galerie der Chimären.

BILD LINKS:
Eine Engelsstatue aus dem 13. Jh. auf dem Westgiebel des Hauptschiffs. Der Engel spielt die Trompete des Jüngsten Gerichts unter dem Blick von Schimären. Der strenge Faltenwurf des Engelskleides kontrastiert mit deren gekrümmten Formen, die eine beunruhigende Welt heraufbeschwören.

Die heutige Achtung gegenüber dem Bauwerk

Die neuesten Veränderungen sind relativ geringfügig und haben nur das Innere der Kathedrale betroffen. Die Zeichen stehen auf Achtung gegenüber dem Bauwerk, wobei dieses dennoch entsprechend den liturgischen Anforderungen des Zweiten Vatikanischen Konzils angepasst wurde. Das vergoldete Kreuz, das als Ruhmeskreuz bezeichnet wird und 1993 von Marc Couturier angefertigt wurde, ist der symbolträchtigste Beitrag. Aus dem Chor heraus beherrscht es die barocke Pieta und wacht zugleich über das gotische Langhaus. Der aktuelle, absolut schlichte Hochaltar steht heute in der Vierung und zieht dort den Blick auf sich. Er wurde 1989 von Jean Touret aus Bronze geschaffen. Mit seiner umrisshaften Darstellung der vier Evangelisten und von vier Propheten stellt er einen Bezug her zu einer im Mittelalter beliebten Thematik. Er verbindet den Chor und das Langhaus zu einem offenen Ensemble.

Vorherige Doppelseite:
Diese um 1857 von den Brüdern Bisson aufgenommene Fotografie zeigt die Südseite der Kathedrale während der Restaurierungsarbeiten. Die Sakristei im neugotischen Stil ist vollendet, der von Viollet-le-Duc 1859–1860 rekonstruierte Vierungsturm ist jedoch noch nicht wieder aufgebaut.

Bild links:
Statue der Jungfrau Maria von Geoffroy-Dechaume, fotografiert etwa 1854 von Mestral auf der Baustelle der Restaurierungsarbeiten.

Bild rechts:
Zeichnung von Viollet-le-Duc mit einer Rekonstruktion des Lettners und der Chorschranke aus dem 14. Jh. Sie umschloss den Bereich, der den Mönchen vorbehalten war, und trennte ihn vom Altarraum mit dem Hochaltar, dem Bereich des Bischofs (*Dictionnaire raisonné de l'architecture* 1854–1868).

Folgende Doppelseite:
Bei den Aposteln, die den Vierungsturm an seiner Basis schmücken, ist auch der hl. Thomas dabei. Der Schutzheilige der Baumeister, zu erkennen am Lineal in der Hand, trägt die Gesichtszüge von Viollet-le-Duc.

Diese Perspektive war dem Mittelalter völlig fremd. Der Altar, an dem der Bischof den Gottesdienst abhielt, befand sich am Ostende der Kirche, ganz hinten im Chor, und dieser war vom Langhaus durch einen Lettner komplett abgetrennt, der auf beiden Seiten in recht hohe Absperrgitter überging. Diese Chorgitter wurden Ende des 13. Jhs. und Anfang des 14. Jhs. angebracht, um den Chor vor der Unruhe durch die Gläubigen und Offizianten in den Seitenkapellen zu schützen. Die Absperrung existiert noch weitgehend und vermittelt einen guten Eindruck von dem Ensemble, das den Chor abtrennte. Die Gläubigen konnten am Mysterium der Messe also nur in der Form teilnehmen, dass sie den Skulpturenschmuck der Chorschranke betrachteten. Dieser lehrte sie das Leben Christi, sein Leiden, seine Auferstehung und seine Erscheinungen. Trotz einer ziemlich radikalen Restaurierung im 19. Jh. zeugen die Skulpturen von der hohen Qualität, die die mittelalterliche Bildhauerkunst damals erreichte.

Im Chor wurde der Altar zusätzlich durch eine Steineinfriedung geschützt, auf der sich wahrscheinlich ein weiteres Gitter befand. Beim Zelebrieren der Messe war der Bischof vom Kapitel und von den Mönchen getrennt, die an den Seiten im Chorgestühl Platz nahmen. Der Altar stand im Altarraum, und das Mysterium des Göttlichen verbarg sich vor dem Blick der Weltlichen, also der gläubigen Gemeinde, und sogar vor einem Teil des Klerus.

In unserer Zeit betraf eine weitere bedeutende Veränderung die Glasfenster der Emporen und die Fenster im Obergaden der Kathedrale. Das mittelalterliche Buntglas war im 18. Jh. aus den Fensteröffnungen ausgebaut worden, um mehr Licht hereinzulassen, das für den Geschmack dieser Epoche, die für Glanz und Pracht schwärmte, im Innenraum zu sparsam war. Doppelte Seitenwände, mit denen die Kapellen der Seitenschiffe verstärkt waren, reduzierten nämlich den Lichteinfall ins Innere. Die neuen Fenster sind Jacques Le Chevallier zu verdanken, der sie 1965 schuf. Die abstrakte Gestaltung legt den Akzent auf die Farbeffekte von Blau- und Rottönen und spielt so auf das Erscheinungsbild mittelalterlicher Buntglasfenster an.

Die große Orgel der Kathedrale schließlich übersteigt mit ihren heutigen akustischen Möglichkeiten weit diejenigen des mittelalterlichen Instruments aus dem 14. Jh. Ihr derzeitiges Gehäuse, der Ersatz für das ursprüngliche gotische Gehäuse, wurde im 18. Jh. geschnitzt, und die Orgel wurde seither sorgfältig instand gehalten. Zwischen 1863 und 1868 wurde sie von Aristide Cavaillé-Coll weitgehend neu gebaut, erhielt 1992 eine elektronische Setzeranlage und wurde so zu einem der berühmtesten Instrumente in ganz Europa.

Von den mittelalterlichen Glocken, die so wichtig waren, um zum Gebet zu rufen und den Rhythmus des liturgischen Lebens vorzugeben, ist kein wirklich authentisches Exemplar erhalten geblieben. Es gibt heute im Nordturm vier Glocken und im Südturm

einen Bourdon, die größte und tiefste Glocke. Seit 1964 ist alles elektrifiziert. Die vier Glocken, die Benjamine, wurden 1856 von Napoleon III. anlässlich der Taufe des kaiserlichen Prinzen gestiftet. Der Nordturm, im Mittelalter der eigentliche Glockenturm der Kathedrale, war Ende des 13. Jhs. ebenfalls mit vier Glocken versehen. Sie trugen die Namen Pugnèse, Chambellan, Guillaume – nach dem Bischof Guillaume d'Auvergne, der sie gespendet hatte – und Pasquier. Sie unterlagen jedoch der normalen Abnutzung und mussten schließlich eingeschmolzen und neu gegossen werden. Gelegentlich wurde ihre Anzahl vergrößert, so dass es 1686 sechzehn Glocken waren, jede in einer anderen Tonhöhe. Im Mittelalter gab es im Südturm auch zwei Bourdons. Eine dieser Glocken, Marie, die vom Beginn des 15. Jhs. stammte, verschwand während der Revolution. Die andere, Jacqueline – benannt nach der Frau des Beraters von Karl VI., dem Grand Maître d'Hôtel Jean de Montaigu, der sie 1400 anlässlich der Geburt seiner Tochter gestiftet hatte – wurde unter Ludwig XIV. eingeschmolzen und neu gegossen. Sie erhielt dann den Namen Emmanuel, den sie bis heute trägt. Mit einem Gewicht von dreizehn Tonnen und sauber gestimmt auf ein tiefes Fis, läutet sie nur anlässlich wichtiger religiöser Feste oder Ereignisse von nationaler Bedeutung.

Im Bestreben, das Aussehen der Kathedrale möglichst genau so zu erhalten, wie es die zurückliegenden Jahrhunderte hinterlassen haben, versuchen unsere Zeitgenossen, es vor jeder großen Änderung zu bewahren. Die wichtigsten archäologischen Entdeckungen, die seit den Restaurierungsarbeiten des 19. Jhs. gemacht wurden, werden im Musée national du Moyen Âge oder im Louvre aufbewahrt. Das gilt auch für die Statue des Adam, die zusammen mit der heute verschwundenen Eva-Statue seit Mitte des 13. Jhs. den segnenden Christus einrahmte. Beide befanden sich in einer Nische des Innenportals des südlichen Querschiffs. Die von Viollet-le-Duc rekonstruierten Adam und Eva zieren heute die erste Etage der Fassade der Kathedrale, obwohl sie sich im Mittelalter nie dort befunden hatten. Die einundzwanzig Köpfe einiger Könige aus der Bibel, die die Galerie der Fassade schmückten und nach der Zerstörung zahlreicher Statuen während der Revolution von anonymer Hand sorgfältig aufbewahrt worden waren, fand man wie durch ein Wunder 1977 bei Ausschachtungsarbeiten im Untergrund der Banque française du commerce extérieur (französische Außenhandelsbank), Rue de la Chaussée d'Antin. Sie werden derzeit im Musée national du Moyen Âge ausgestellt. Diese verschiedenen Elemente sind seltene und wertvolle Funde, die von der Kunst des Mittelalters zeugen. Das Vorhandensein vielfarbiger Spuren deutet sogar darauf hin, dass die Statuen der Fassade einst bemalt waren.

Bild links:
Königskopf, der im Musée national du Moyen Âge aufbewahrt wird und zu den einundzwanzig Köpfen der Könige von Israel und Juda gehörte, die 1977 wiedergefunden wurden und die im Mittelalter die Galerie der Könige schmückten.

Folgende Seiten:
Der Platz, den dieser Christus des Jüngsten Gerichts auf der Südseite der nördlichen Außenmauer des Chorhaupts einnimmt, illustriert die Umwälzungen sehr gut, die die Kathedrale durchmachte. Es handelt sich möglicherweise um eine Skulptur aus dem frühen 14. Jh., die die Chorschranke zierte und dort im 17. Jh. angebracht worden war, als das Werk *Das Gelübde Ludwigs XIII.* entstand.

Dieser Männerkopf repräsentiert die Eleganz der Pariser Kunst zur Zeit von Ludwig dem Heiligen. Haar und Bart sind fein gezeichnet, die Augen haben noch ihre Mandelform und die Krähenfüße am äußeren Augenwinkel, während der ausdrucksstarke Mund das Gesicht zur Ewigkeit hin streben zu scheinen lässt (Musée national du Moyen Âge). Es sind einige mehrfarbige Spuren erhalten geblieben, mangels entsprechender Dokumente ist es jedoch sehr schwierig, die Identität der Skulptur und ihren ursprünglichen Standort zu ermitteln.

Bei der Statue der Jungfrau mit dem Kind, die als »Notre-Dame de Paris« bezeichnet wird und in Chornähe am Fuß des Südpfeilers des Querhauses steht, handelt es sich nicht um die ursprüngliche Skulptur, die während der Französischen Revolution zerstört wurde, sondern um ein anonymes mittelalterliches Werk aus dem 14. Jh. Es stammt aus der ehemaligen Kirche Saint-Aignan in der nahe gelegenen Rue des Ursins und ist zu einem der bedeutendsten Symbole der Kathedrale geworden.

Der Baumeister aller Baumeister der Notre-Dame: Viollet-le-Duc

Die heutige Kathedrale ist tatsächlich weitgehend das Werk von Viollet-le-Duc, der sie einerseits gerettet und andererseits neu erschaffen hat, indem er sie nach den schrecklichen Zerstörungen der Revolution und dem Desinteresse, dem sie in den beiden vorausgegangenen Jahrhunderten anheimgefallen war, restaurierte. 1793 hatten die Revolutionäre doch tatsächlich angeordnet, die Statuen der Könige von Israel und Juda zu enthaupten, da sie annahmen, die Bildnisse würden die Abfolge der übelbeleumdeten Monarchen von Childebert bis Philipp II. August (französisch Philippe Auguste) darstellen! So wurden die Statuen der Fassade vom Sockel gehoben, enthauptet oder entstellt. Unter der Ägide von Robespierre verwandelte man die Kathedrale in einen »Tempel der Vernunft und der Freiheit«. Es war sogar die Rede davon, das Monument zu zerstören, um die Steine zu nutzen. Kaum war jedoch die Revolution beendet, da begann sich das Empfinden wieder zu verändern. Die Zeit der Romantik war gekommen und mit ihr die Wiederentdeckung des Mittelalters.

Zu Beginn des 19. Jhs. hat das Wort »Mittelalter« bereits eine lange Geschichte. Es taucht um 1550 aus der Feder des italienischen Kunsthistorikers Vasari auf, als der Begriff »Renaissance« sich durchsetzt, um die Rückkehr zur antiken griechischen und römischen Schönheit zu bezeichnen. Was während der vorherigen tausend Jahre stattgefunden hatte, wird jetzt abgelehnt und als Zwischenperiode, also als »finsteres Mittelalter« definiert. Vasari bezeichnet außerdem die Kunst der Kathedralen als »Gotik« und weist die Urheberschaft für diese Bauwerke damit den Goten zu – in seinen Augen dem barbarischsten Volk von allen, da es 410 Rom zerstörte. Die Assoziation von Mittelalter mit Barbarei besteht für lange Zeit fort.

Die Umkehrung der Werte erfolgt Anfang des 19. Jhs. durch die Romantiker. Gotik steht von nun an für die Vollendung der Kunst, und der Troubadour-Stil, auch Neogotik, gewinnt ganz Europa für sich. 1802 verherrlicht Chateaubriand den Geist des Mittelalters in *Geist des Christentums* und besingt die gotischen Kirchen als einen »erbauten Wald«, in dem die Orgel und die Bronzewerke die »Geräusche von Wind und Donner« erzeugen.

Bild links:
Detail einer Fensterrosette aus *Projet de restauration de Notre-Dame de Paris* (Restaurierungsprojekt von Notre-Dame de Paris) von Lassus und Viollet-le-Duc, 1843.

Bild rechts:
Diese Darstellungen der Tugenden, oben die Klugheit, unten die Demut, gehören zur Westrosette, die um 1220 entstand und das Kirchenschiff für die Gläubigen erhellte. Mit einer Lanze und einem Schild bewaffnet, sind die zwölf Tugenden im äußeren Kreis zum Kampf bereit gegen die zwölf Laster, die den Christen bedrohen. Die Buntglasfenster wurden von Viollet-le-Duc stark restauriert.

Am 2. Dezember 1804 lässt sich Napoleon neben Josephine in der Kathedrale, deren Wandbehänge ihre Baufälligkeit nur schlecht verbergen können, zum Kaiser krönen. Die Bewegung nimmt politische Ausmaße an. 1829 versucht die Regierung der Restauration, die Dokumente der mittelalterlichen Geschichte zu rekonstruieren und gründet zu diesem Zweck die *École nationale des chartes* (Nationale Hochschule für Urkundenforschung). Der romantische Schriftsteller Mérimée, 1834 auf den von Guizot und Thiers neu geschaffenen Posten des Inspektors für historische Denkmäler berufen, erhält den Auftrag, im gesamten Land die verfallenen Gebäude aus dem Mittelalter zu erfassen. Die Öffentlichkeit steht dem Unterfangen positiv gegenüber. Das während der Revolution geschaffene *Musée des Monuments français* hatte dazu beigetragen, die Öffentlichkeit für die gotische Kunst zu sensibilisieren. Das Thema wird nun Teil der nationalen Identität: Man hält diese Kunst für den Ausdruck der »französischen Seele«, und als Victor Hugo 1831 seinen Roman *Der Glöckner von Notre-Dame* herausgibt, wird dieser ein Riesenerfolg. Die Figur des missgestalteten Quasimodo treibt sich in den Türmen der Kathedrale herum in einem mittelalterlichen Paris, in dem die *Cours des Miracles* (Höfe der Wunder) floriert haben sollen. Viele der Beschreibungen im Roman sind historisch falsch, denn es gab zwar im Mittelalter viele Bettler, sie waren jedoch keineswegs von der Gesellschaft ausgeschlossen! Und der Dompropst von Paris, der Esmeralda mit seiner Leidenschaft und seiner Anprangerung verfolgt, gibt eher das Bild eines handfesten und schlagkräftigen Polizisten des 19. Jhs. ab als das eines mittelalterlichen Amtsträgers, der es gewöhnt ist, über Strafen zu verhandeln! 1835 und 1836 schließlich stellt Notre-Dame sich in den Dienst eines militanten Christentums, das unter ihrem Dach die lautstarke Stimme von Lacordaire annimmt, der das Fasten predigt.

Die gotische Kunst wird nicht länger als eine barbarische Kunst betrachtet. Notre-Dame de Paris ist in Mode. 1843 schreibt die *Administration des cultes* (Verwaltung der Pfarreien) einen Wettbewerb zur Rettung der Kathedrale aus. Eugène Viollet-le-Duc und Jean-Baptiste Lassus gehen als Sieger daraus hervor. Beide Architekten sind noch jung – Viollet-le-Duc ist erst dreißig Jahre alt und Lassus sechsunddreißig – aber sie haben sich bereits bewährt. Viollet-le-Duc, der seine architektonische Ausbildung im Rahmen zahlreicher Reisen in Frankreich und Italien erworben hatte, erhält von Mérimée den Auftrag, die verfallende Kirche Sainte-Marie-Madeleine in Vézelay zu restaurieren. Er leitet außerdem die Restaurierung der Zitadelle in Carcassonne und auch der dortigen Kathedrale Saint-Nazaire. 1840 beruft Lassus ihn zu sich an die Sainte-Chapelle.

Ihr gemeinsames Projekt für Notre-Dame findet großen Anklang, denn beide Architekten streben weniger nach Innovation als nach Sicherung des Baus. Zumindest Lassus ist dieser Auffassung, doch 1857 stirbt er, und Viollet-le-Duc bleibt mit dem Projekt alleine

Bild rechts:
Die *Tapisserie de l'Apocalypse*, etwa 1380 angefertigt für Herzog Louis I. von Anjou zeigt diese Szene: Hier speien der Drache, das Tier und der falsche Prophet froschähnliche Dämonen aus, die Wunder bewirken werden (Johannes, XVI, 13–16). Der Bibeltext der Apokalypse, ein Bericht über das Ende der Welt, wurde im gesamten Mittelalter sehr viel gelesen und häufig illustriert.

Bild links:
Außenwand des nördlichen Querschiffs, geschmückt mit Wimpergen mit Krabben und Kreuzblumen, Blendarkaden, pflanzlichen Motiven und Wasserspeiern, die Vampiren ähneln und über die Dachtraufen hinausragen. Sie sind das Werk von Viollet-le-Duc. Wasserspeier gab es an Pariser Gebäuden jedoch bereits seit dem 13. Jh.

Folgende Doppelseite:
Wasserspeier, Detail.

Und im dunklen Gewirr von Wesen und Dingen sah ich den Satan lauern, diesen schwarzen, kichernden, glutäugigen Wilderer im Wald Gottes.

Victor Hugo,
La Légende des Siècles, 1883

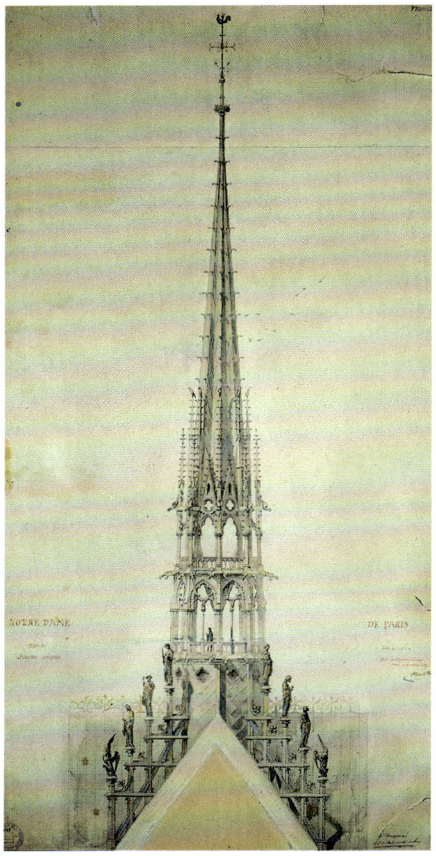

zurück. Nach seiner Vorstellung ist Restaurierung auch Wiederaufbau, und so schreibt er: »Die Restaurierung eines Gebäudes bedeutet nicht, es instand zu halten, zu reparieren oder zu erneuern, sondern es in einen vollständigen Zustand zu versetzen, in dem es bislang möglicherweise noch nie war.« Viollet-le-Duc intensiviert die Suche nach alten Dokumenten, lässt sich von den Statuen intakt gebliebener Kathedralen, wie in Amiens, Chartres oder Reims, inspirieren, und untersucht die Ruinen genau. Sein künstlerisches und archäologisches Wissen über die Denkmäler übersteigt das aller anderen Baumeister seiner Zeit, und man ist überwältigt vom Ausmaß der vollbrachten Leistung. Dazu kommt, dass Notre-Dame nicht seine einzige Baustelle ist: Zeitgleich ist er an vielen Orten restauratorisch tätig, etwa in Toulouse, Saint-Denis, Amiens, Pierrefonds, und errichtet zudem Neubauten, beispielsweise in Lausanne. Sein monumentales *Dictionnaire raisonné de l'architecture française du XIe au XVIe siècle* (Ausführliches Wörterbuch der französischen Architektur im 11.–16. Jh.), von 1854–1868 herausgebracht, sowie sein *Dictionnaire du mobilier* (Lexikon des Mobiliars) zeugen von seiner Kompetenz und seiner Begeisterung. Er weist darin nach, dass in der gotischen Architektur die verschiedenen Elemente abgewandelt werden, um sie für die tragende Struktur des Gebäudes nutzbar zu machen. Das gilt insbesondere für das Gewölbe. »Die Empore, der Durchgang des Triforiums, der Giebel oder der Wimperg – alles hängt von der Struktur ab. Es gibt in der gotischen Kunst keine architektonische Form, die der freien Fantasie entspringen würde.« Viollet-le-Duc schätzt den Rationalismus der Gotik ebenso wie ihren nationalen Charakter. Denn wie Victor Hugo ist auch er der Ansicht, die Kunst der Kathedralen, die sich vom 12.–14. Jh. entfaltete, spiegle die Tiefe und Authentizität der französischen Seele.

BILD LINKS: Restaurierungsprojekt des Vierungsturms und der Westfassade durch Viollet-le-Duc.

Für die Restaurierung von Notre-Dame in den Zustand, den sie vermutlich 1330 hatte, verfügt der Architekt über zahlreiche frühere Zeichnungen und Beschreibungen des Monuments, beispielsweise vom Glöckner Antoine Gilbert, der 1821 eine *Description historique de la basilique métropolitaine de Paris* (Historische Beschreibung der hauptstädtischen Basilika von Paris) verfasst hatte, vom Chorherrn der Kathedrale, Guillot de Montjoye, der 1753 seine *Description historique des curiosités de l'église de Paris* (Historische Beschreibung der Besonderheiten der Pariser Kirche) geschrieben hatte, und von den bedeutenden Historikern von Paris unter dem Ancien Régime, wie Henri Sauval oder Abbé Lebeuf.

Die Initiativen von Viollet-le-Duc mehren sich. Er versetzt den Vierungsturm der Kathedrale, der 1792 mangels Instandhaltung schließlich eingestürzt war, in seinen ursprünglichen Zustand und lehnt sich bei seinem Entwurf an dem 1853 neu gebauten Dachreiter der Sainte-Chapelle an. Der Vierungsturm von Notre-Dame erhebt sich auf eine Höhe von sechsundneunzig Metern, vier Gruppen mit jeweils vier Statuen, die die

FACADE OCCIDENTALE
4358

NOTRE DAME
FACADE OCCIDENTALE
RESTAURATION DE LA PORTE CENTRALE
ECHELLE DE QUATRE CENTIMETRES POUR UN METRE

Bild links:
Das Mittelportal der Westfassade, genannt Portal des Jüngsten Gerichts, gezeichnet von Viollet-le-Duc.

zwölf Apostel und die vier Evangelisten darstellen, betonen dabei seine Basis. Das ganz anders als bei dem mittelalterlichen Vierungsturm. Die Statuen der Galerie der Könige und die Gewändestatuen der Fassadenportale – insgesamt einundsiebzig Statuen – werden sorgfältig nach Gipsmodellen aus Stein gehauen. Überall bevölkern Tiere in Form von Wasserspeiern, die als Abflussrohre für das Regenwasser dienen, oder Chimären, die eine rein dekorative Aufgabe haben, die Dachtraufen. Darunter findet sich auch der berühmte nachdenkliche Stryge. So verbindet Viollet-le-Duc die beiden Türme mit einer fantastischen Galerie.

Schließlich werden die Buntglasfenster restauriert: Die südliche Fensterrose, die durch den Brand des Bischofspalastes 1831 stark gelitten hatte, wird komplett ausgebaut und mit verstärktem Maßwerk neu eingesetzt. Die Fensterrose der Westfassade wird ebenfalls restauratorisch bearbeitet. Die wenigsten Veränderungen gibt es an der nördlichen Fensterrose. Die Türme werden verstärkt, Viollet-le-Duc verzichtet jedoch darauf, sie mit Turmspitzen zu versehen, wie er es in seinen Zeichnungen vorgesehen hatte. Alle beschädigten Steine werden ersetzt, was dem Ganzen eine große Homogenität verleiht. Im Außenbereich werden auf den Ruinen des 1837 abgerissenen Bischofspalastes die neue Sakristei und das Pfarrhaus gebaut, alles im neogotischen Stil. Im Inneren wird der Kapitelsaal komplett in kräftigen Farben ausgemalt, wie es im Mittelalter Mode war. Für das restliche Gelände wird die Anlage eines Gartens und einer Grünanlage vorgesehen.

Das *Journal des travaux* (Arbeitstagebuch), das Viollet-le-Duc führt, zeugt von den Problemen, auf die er stieß. Die Bauarbeiten dauerten von 1847–1864. Der Baumeister vervielfacht die Werkstätten der Steinmetze, Bildhauer, Goldschmiede, Glasmaler und Tischler. Er wird von etwa fünfzehn Bildhauern unterstützt, weitgehend Schülern von David d'Angers, insbesondere Adolphe Geoffroy-Dechaume, der die großen Statuen aus getriebenem Kupfer auf dem Dach ausführt, und von Glasmaler-Meistern, wie Louis Steinheil, Alfred Gérente, Antoine Lusson und Didron dem Älteren. Der Baumeister wacht über die kleinsten Details. So werden nach seinen Zeichnungen bestimmte Stücke des mittelalterlichen Kirchenschatzes, der während der Revolution zerstört worden war, sorgfältig nachgebildet. Er erneuert die Werke liturgischer Goldschmiedekunst, indem er Ziborien, Messkelche und Monstranzen selbst entwirft, außerdem Lesepulte, Kandelaber, Bucheinbände für das Evangelium, Prozessionskreuze und Altarschmuck.

Die 1845 gewährten Gelder, nämlich 1 973 882,67 französische Francs für die Restaurierung und 664 491,83 französische Francs für den Bau der Sakristei, waren schnell aufgebraucht, und 1850 war eine Aufstockung erforderlich. Die Arbeiten sind daher acht Jahre lang unterbrochen und werden ab 1859 mit einer Summe von zusätzlichen drei Millionen Francs wieder fortgeführt. Am 31. Mai 1864 wird das renovierte Bauwerk eingeweiht.

Man kann Viollet-le-Duc zwar einige Übertreibungen vorwerfen, doch sein Einsatz hat dem Monument eine große Einheitlichkeit verliehen. Selbst die Entscheidung, das innere Höhenmaß zu verändern, indem er die dritte Ebene so wiederherstellte, wie sie

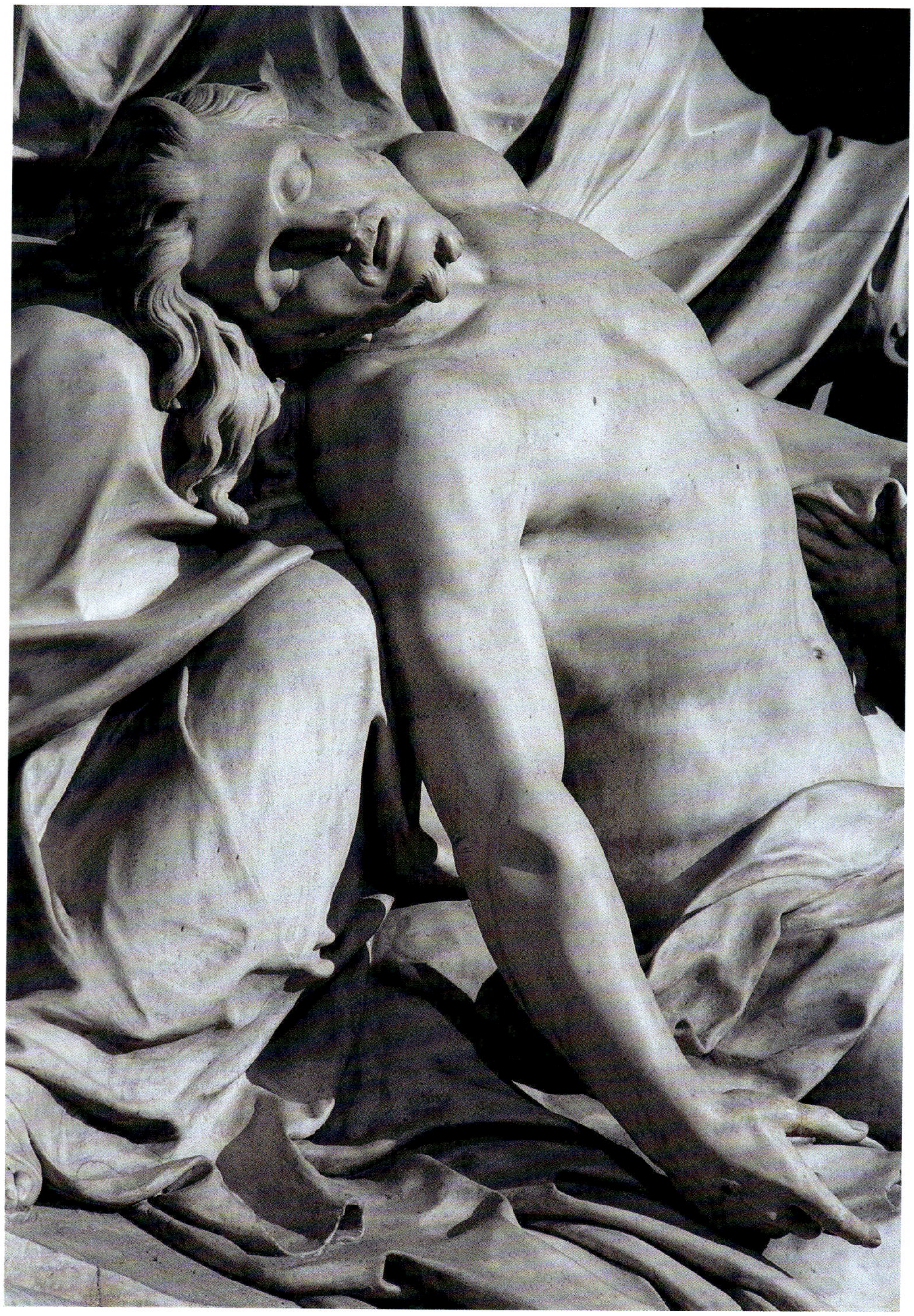

Bild links:
Das *Gelübde Ludwigs XIII.*, von Robert de Cotte zwischen 1708 und 1714 erschaffen, verändert den Chor der mittelalterlichen Kathedrale beträchtlich und führt eine Bewegung in die Kunstwerke ein, wie sie dem Barockstil eigen war.

Bild rechts:
Die 1723 von Nicolas Coustou geschaffene Pieta, wird von zwei Skulpturen eingerahmt: rechts *Ludwig XIII.* von Nicolas Coustou und links *Ludwig XIV.* von Antoine Coysevox.

Ende des 12. Jhs. errichtet worden war, ist nicht uninteressant. Er will wieder eine kleine Fensterrosette über den Emporen einfügen und die Höhe des oberen Fensters verringern, wodurch wieder vier Ebenen entstehen, wie dies im ersten Joch des Langhauses beibehalten worden war. Die Ausführung wird schließlich auf das Querhaus beschränkt und übrigens aus der Sorge heraus aufgegeben, dem Bauwerk Licht zu rauben. Insbesondere die überbordende Vorstellungskraft von Viollet-le-Duc erlaubt dem Betrachter, in einen sehr mittelalterlichen Geist einzutauchen, indem er das Auge von Pinakeln zu Wasserspeiern, von Stein zu Metall schweifen lässt. Auch die Vorliebe des Mittelalters für humoristische Darstellungen und florale Motive tritt deutlich hervor. So verdanken wir Viollet-le Duc, dass in Notre-Dame die Steine zu uns sprechen.

Bild links:
Die *Kreuzabnahme* schmückt die Rückenlehne eines der zweiundfünfzig hohen Chorstühle des Kapitels, die Anfang des 18. Jh. geschaffen wurden. Im Mittelalter verfügten die Chorherren über gotisches Chorgestühl, das die Grabmäler der Bischöfe einrahmte.

Folgende Doppelseite:
Detail der *Kreuzabnahme*.

Das Gelübde Ludwigs XIII.

Den mittelalterlichen Chor stellt Viollet-le-Duc nicht wieder her, sondern begnügt sich damit, die Marmorplatten zu entfernen, mit denen man im 18. Jh. die gotischen Pfeiler eingefasst hatte. Jetzt finden tatsächlich die bedeutsamsten Veränderungen an der mittelalterlichen Kathedrale statt. Einige Arbeiten sollen das Gewölbe und die Fassade verstärken. Andere sind radikaler: Die Buntglasfenster im Obergaden der oberen Fenster verschwinden, um weißen Fenstern mit einem Rand aus Lilien auf blauem Grund Platz zu machen. Die Wasserspeier werden entfernt und durch Fallrohre aus Blei ersetzt, das Langhaus und der Chor werden weiß getüncht und die Böden einheitlich dunkelblau und weiß gestaltet, wodurch die alten Grabplatten verschwinden. 1771 vergrößert Germain Soufflot das Mittelportal in der Westfassade, um einen Durchlass für den Prozessionsbaldachin zu schaffen. Dadurch verschwinden der Türpfeiler und ein Großteil des Tympanons mit dem Jüngsten Gericht.
Im Inneren des Chors erhebt sich noch heute anstelle des ehemaligen mittelalterlichen Altarraums die Figurengruppe *Das Gelübde Ludwigs XIII.*, die aus dem frühen 18. Jh. stammt. Beinahe ein Jahrhundert zuvor, nachdem er anlässlich der Geburt seines lang ersehnten Sohnes, des künftigen Ludwigs XIV., Frankreich feierlich unter den Schutz der Jungfrau Maria gestellt hatte, verkündet König Ludwig XIII. am 10. Februar 1683 den Neubau des Altars von Notre-Dame. Er verspricht zudem, ihn mit einem »Bild der Jungfrau zu schmücken, die ihren kostbaren Sohn im Arm hält, der vom Kreuz abgenommen wurde«, also eine Pieta. Es fehlt jedoch an Geld, und das Projekt verläuft im Sand. Anna von Österreich, die Gemahlin von König Ludwig XIII., beginnt, den Lettner zu verändern. Dann beschließt 1699 Ludwig XIV., das Gelübde seines Vaters in die Tat umzusetzen. Es gibt zahlreiche Vorbehalte, wenn es darum geht, die Kathedrale Notre-Dame in ihrem Wesen anzutasten, aber die Vorliebe für das Mittelalter ist inzwischen weitgehend verschwunden. Ein Chorherr, Antoine de La Porte, stiftet die erforderliche Summe und die Arbeiten beginnen, womit das Ende des gotischen Chors besiegelt ist. Durchgeführt werden die Arbeiten unter der Leitung des Architekten Robert de Cotte zwischen 1708 und 1714. Die Statue von Ludwig XIV., den Antoine Coysevox betend

dargestellt hat, und die von Nicolas Coustou ausgeführte Statue von Ludwig XIII., der Maria seine Krone und sein Zepter darbietet, rahmen den neuen Hochaltar ein, der über drei Stufen erreicht wird. 1723 wird er durch eine ebenfalls von Coustou ausgeführte Pieta barocker Anmutung geschmückt. Sechs an Pfeilern stehende Bronzeengel tragen die Leidenswerkzeuge. Diese sind das Werk von Antoine Vassé. Unter dem Chor schließlich wird eine Gruft mit den königlichen Wappen als letzte Ruhestätte der Erzbischöfe von Paris ausgehoben.

Auch das Chorgestühl wird im 18. Jh. komplett neu aus Holz geschnitzt. Riesige Gitter aus Schmiedeeisen, ein Werk des Kunstschmieds François Cafieri, dienen nun als Chorschranke. Die Wirkung dieser Gestaltung hebt sich deutlich von der Formensprache des Mittelalters ab, selbst wenn die Motive, mit denen das Chorgestühl geschmückt ist, traditionell bleiben. Sie reichen von Szenen aus dem Leben Marias über die Wunder Jesu und seine Leidensgeschichte bis zu allegorischen Darstellungen christlicher Tugenden, wie Klugheit und Demut.

Mittelalterlich ist Notre-Dame de Paris im Geist wie im Stein geblieben. Im Vergleich zu dem, was die Kathedrale im Mittelalter repräsentierte, haben die Außen- wie die Innenarbeiten aus ihr jedoch ein nationales Denkmal gemacht. Die Restaurierung der Kathedrale geht einher mit der Renovierung der gesamten Île de la Cité, die unter dem *Second Empire* (Zweiten Kaiserreich) ihre mittelalterliche administrative Funktion wiedererlangt. Sie hatte im Mittelalter sowohl den Königspalast als auch das Hôtel-Dieu umfasst. Im 19. Jh. ist der Ort verrufen, die Gassen sind verwinkelt. Baron Haussmann bereinigt sie, indem er der Kathedrale Freiraum verschafft und einen Großteil der Häuser und Gebäude dem Erdboden gleichmacht. Der bislang winzige Vorplatz der Kirche wird zu einem Platz von zweihundert auf einhundertfünfzig Meter, der für Militärparaden der nahe gelegenen Kaserne gedacht ist, die 1865 am Standort der heutigen Polizeipräfektur gebaut worden war. Es entstehen weitere Verwaltungsgebäude. Das Tribunal de Commerce (Handelsgericht) wird 1860 errichtet, während der Palais de Justice (Justizpalast) am Standort des ehemaligen mittelalterlichen Palastes zu Lasten der Place Dauphine deutlich vergrößert wird. Das Hospital des aktuellen Hôtel-Dieu entsteht 1869 auf der Nordseite des Platzes, gegenüber dem Hôtel-Dieu, das im Mittelalter am Ufer der Seine errichtet worden war und 1772 einem Brand zum Opfer gefallen war. Schließlich werden zwei parallele Straßen in Verlängerung der Brücken eröffnet: der Boulevard du Palais und die Rue de la Cité. Sie verbinden die Place du Châtelet mit der Place Saint-Michel. Im Inneren wird die Kathedrale durch den barock gestalteten Durchbruch für die zeitgenössische Liturgie angepasst.

Die von Viollet-le-Duc im 19. Jh. unternommenen Restaurierungen und weitere Restaurierungen, die sie im 20. Jh. leicht verändert haben, haben sie zu einem Monument gemacht, das die Herzen aller berührt. Hier erklang bei einem Sieg das Te Deum oder es wurden die Messen zum Gedenken an bedeutende Persönlichkeiten Frankreichs zelebriert. Die Millionen von Besuchern, die jedes Jahr herbeiströmen, zeigen, dass die Kathedrale heute eine Sehenswürdigkeit von Weltrang ist

Vorherige Doppelseite:
Die Engel, die das Orgelgehäuse an der Unterseite schmücken, zeugen von den Veränderungen, die im 18. Jh. gewünscht wurden.

Bild links:
Die Orgel wurde 1863–1868 von Cavaillé-Coll erneuert und um eine Chororgel erweitert. Dieses Ensemble folgt auf die Orgel aus dem 18. Jh., deren Gehäuse beibehalten wurde. Seit 1992 wurde sie restauriert und ist die bedeutendste Orgel Frankreichs. Drei Organisten teilen sich die Orgelempore.

Die Geburt einer Kathedrale

Als Bischof Maurice de Sully beschließt, eine neue Kathedrale zu bauen und die alte abzureißen, in der er sein Amt ausübt, ist die Île de la Cité bereits seit langem das religiöse Zentrum von Paris. Über die Anordnung der ursprünglichen Gebäude ist jedoch wenig bekannt, da es an genauen Textunterlagen dazu und an systematischen Ausgrabungen fehlt. Ein erster Fund ist 1711 dem Zufall zu verdanken: Als im Chor der heutigen Kathedrale eine Gruft für die Grablegung eines Erzbischofs ausgehoben wird, kommen zwei alte Mauern zutage, eine gallorömische und eine, die zum Chorhaupt einer Kirche aus der Merowingerzeit gehörte. Man findet auch wiederverwendete behauene Steine aus der gallorömischen Zeit eingefügt in das Denkmal der Seine-Schiffer, der Nauten. Der Hauptpfeiler wird im Musée national du Moyen Âge (Mittelaltermuseum) aufbewahrt. 1847 konnten bei weiteren Nachforschungen, die Viollet-le-Duc unter dem Boden des Vorplatzes im Westen der Kathedrale durchführen ließ, die geschleiften Mauern einer imposanten Basilika aufgefunden werden, deren Größe und üppiger Bauschmuck sich insbesondere durch Ausgrabungen in Zusammenhang mit dem Bau der Tiefgarage bei Notre-Dame im Jahr 1962 präzisieren ließen. Die verschiedenen Entdeckungen gaben Anlass zu unterschiedlichen Interpretationen, die sich im Lauf der Zeit auch weiterentwickelten. Gegenwärtig arbeiten Archäologen und Historiker an der Bewertung der Phase zwischen gallorömischer Periode und dem beginnenden Mittelalter. Sie interpretieren die ursprüngliche Kathedralkirche und ihre Umgebung als ein Gebäudeensemble, das sie als »Bischofsviertel« bezeichnen, und vergleichen es mit anderen religiösen Zentren aus derselben Epoche, wie Tours, Genf oder Trier.

Vorherige Doppelseite
Blick von unten auf das Chorhaupt der Kathedrale mit seinen Strebebögen.

Bild rechts:
Miniatur von Jean Fouquet, die um 1470 das Werk *Jüdische Altertümer* von Flavius Josephus illustriert. Dargestellt ist der Bau des Tempels von Jerusalem in Form einer spätgotischen Kathedrale. König Salomo gibt aus seiner Loge heraus Anweisungen. Seine mit Lilien verzierte Kleidung macht ihn zum Stammvater der Könige von Frankreich. Diese haben sich jedoch kaum jemals in den Bau der Kathedralen eingeschaltet, auch nicht bei Notre-Dame de Paris.

Die Anfänge: das Bischofsviertel

Anfangs handelte es sich auf der Île de la Cité um ein Gebäudeensemble, das unter der Amtsgewalt des Bischofs erbaut und durch eine Mauer aus großen Steinblöcken geschützt wurde. Einige von ihnen hatte man aus der Arena von Lutetia, des antiken Paris, herangeschafft. Die alte Arena befand sich auf dem rechten Ufer der Seine. Diese Mauer, die möglicherweise mit Türmen versehen war und deren genauen Verlauf man nicht kennt, ist abschnittsweise sichtbar, insbesondere im Untergeschoss der heutigen Kathedrale. Ihr Bau stammte wahrscheinlich vom Ende des 4. Jhs. Damals gab Rom angesichts der drohenden Barbareninvasionen den Auftrag, die Städte des Reiches zu befestigen und ihre Fläche gleichzeitig zu verkleinern. In Lutetia, das in dieser Zeit in Paris umbenannt wurde, umfasste der befestigte Teil nur etwa ein Zehntel der Fläche der Île de la Cité, und die Kathedrale entstand auf einem eingeebneten und durch Aufschüttung erhöhten Untergrund. Ihr Bau erfolgte also erst, nachdem es in Paris einen Bischof gab, wobei der erste im Jahr 346 bezeugt ist, also kurz nach der Bekehrung von Kaiser Konstantin im Jahr 312 und bevor das Römische Reich 391 unter der Regierung von Theodosius offiziell zum Christentum übertrat.

Bild links:
Außenansicht der beiden Türme: Sie wurden Anfang des 13. Jhs. durch die Grande Galerie miteinander verbunden wurden, was ihnen Anmut und Stabilität verleiht.

Bild rechts:
Karte von Paris aus dem 16. Jh., die das linke Seine-Ufer rechts und das rechte auf der linken Seite zeigt: Am linken Ufer der Seine ist noch die Mauer eingezeichnet, die auf Anordnung von Philipp II. August Ende des 12. Jhs. errichtet wurde. Das rechte Ufer, das stärker bevölkert ist als das rechte, ist von der um 1370 von Karl V. erbauten Mauer umschlossen. Die heutige Île Saint-Louis ist hier noch unbebaut, und die beiden Arme der Seine werden von nur vier Brücken überspannt. Diese sind Grand-Pont (heute Pont Notre-Dame) und Pont au Change zum rechten Ufer sowie Pont Saint-Michel und Petit-Pont zum linken Ufer.

Das Bischofsviertel entsteht also gegen Ende des Römischen Reiches und besteht während der Merowingerzeit aus mehreren Gebäuden, darunter eine Basilika, ein Baptisterium, das Wohnhaus des Bischofs und ein Hospital. Im Mittelpunkt des Ensembles steht die Basilika. Ursprünglich handelt es sich dabei um einen antiken Bau, der sich durch seine Größe und Ausstattung auszeichnet. Wahrscheinlich stammt die Basilika aus der Zeit Konstantins, wovon die wiederentdeckten Mosaikreste und Sichtflächen aus weißem Marmor zeugen. Die sechsunddreißig Meter breite Fassade erhob sich fünfunddreißig Meter vor der Fassade der heutigen gotischen Kathedrale. Dahinter befanden sich fünf Kirchenschiffe, dessen längstes, das Mittelschiff, mit seiner Länge von etwa siebzig Metern bis zum dritten Joch des heutigen Mittelschiffs reichte. Es ist nicht bekannt, welche Funktion dieses Gebäude zur Zeit des Römischen Reichs ursprünglich hatte, man weiß jedoch, dass sich der Kaiserpalast bereits auf dem Westteil der Insel befand. Zwischen den beiden Gebäuden verlief eine Querstraße, die Rue de la Juiverie, die sich in zwei Brücken über die Seine fortsetzte. Diese sind Petit-Pont im Süden und Pont Notre-Dame im Norden. Das Baptisterium lag an der Nordseite der Basilika und wurde möglicherweise gleich bei der Ankunft des ersten Bischofs in Paris erbaut, denn die hl. Genoveva soll sich auf der Flucht vor Attila 451 dorthin geflüchtet haben. Seinen Namen Saint-Jean-le-Rond erhielt das Baptisterium wegen seiner runden Form. In der Mitte besaß es ein Taufbecken, das man über drei Stufen erreichte – ein Symbol der Dreieinigkeit. Die Taufe der Katechumenen

erfolgte hier durch völliges Untertauchen, eine Praxis, die sich bei den Kirchenfesten Ostern und Pfingsten vielfach bis in die letzten Jahrhunderte des Mittelalters fortsetzte. Der Bau wurde im 13. Jh. tiefgreifend umgestaltet und 1748 schließlich abgerissen. Das Wohnhaus des Bischofs stand wahrscheinlich direkt neben der Basilika, ihm wurde eine von der Basilika unabhängige Kapelle zugeordnet. Das Hospital schließlich grenzte an die Kirche Saint-Christophe im Nordwesten des Kirchenvorplatzes an, etwa am Standort des heutigen Hôtel-Dieu. Es soll 651 von Bischof Landry gegründet worden sein, seine Existenz und seine Funktion wurden jedoch erst durch späte Texte bekannt: In der Karolingerzeit hieß es, dass sich die Chorherren dorthin begeben mussten, um bei bestimmten kirchlichen Festen den Armen die Füße zu waschen. Ab dem 8. Jh. wurde der Komplex durch Wohnstätten für die Chorherren vervollständigt, die im Norden und Osten der Basilika an der Seine erbaut wurden. Diese bildeten das zur Kathedrale gehörende Kloster, das im Unterschied zu einem Mönchskloster aus separaten Häusern bestand und sich überwiegend innerhalb der Mauer befand.

Die Basilika wurde durch die Merowingerkönige verschönert, doch geschah dies, wenn man den Chronisten glauben will, offenbar mit Zurückhaltung. Eine bedeutende Rolle spielten diese Könige eher bei der Gründung der Pariser Klöster. Der erste, Chlodwig (486–511), Ende des 5. Jhs. in Reims getauft, machte Paris zur Hauptstadt des neuen fränkischen Königreichs, wobei er die Allianz zwischen dem Spirituellen und dem Weltlichen innerhalb der Stadt besiegelte. Er lehnte es jedoch ab, in der Basilika beigesetzt zu werden, und wollte stattdessen an der Seite seiner Frau Clothilde und neben der hl. Genoveva in der Église des Apôtres (Apostelkirche) ruhen, die er am linken Seine-Ufer an der Stelle des heutigen Pantheons hatte bauen lassen. Der Dichter Fortunat erzählt, sein Nachfolger Childebert I. (511–558) habe die Kirche von Paris so reichlich ausgestattet, dass die Historiker lange Zeit glaubten, er sei persönlich der Bauherr! Dieser König gründete aber auch Sainte-Croix-Saint-Vincent, die spätere Abtei Saint-Germain-des-Prés am linken Seine-Ufer. Dagobert (629–639) wiederum setzte sich für die Abtei von Saint-Denis und das Priorat Saint-Éloi gegenüber dem Königspalast ein. Die Kathedrale jedoch, die unter das Patronat des hl. Stephanus, des Diakons der Jerusalemer Urgemeinde und Märtyrers, gestellt ist, wurde innerhalb ihrer Diözese bestimmend: Sie stand an der Spitze der fränkischen Kirche, und hier fanden mehrere Konzile statt, die dazu beitrugen, das christliche Dogma sowie die Kirchenzucht von Klerus und Gläubigen zu definieren.

Trotz der Bedeutung der Basilika ist es sehr schwierig, ihren Werdegang zu verfolgen, da in Textdokumenten wenig über sie berichtet wird. Von den Normannen scheint sie

Bild oben:
Der Bau des Turms zu Babel, dargestellt als Buchmalerei in einer Handschrift aus dem 13. Jh.: Die wichtigsten Arbeitsgeräte zum Heben, insbesondere ein Tretkran, werden hier durch Menschen betätigt. Da waren Arbeiten, für die viel Kraft aufgewendet werden musste.

Bild rechts:
Das verborgene »Skelett« von Notre-Dame ist aus Holz und stammt aus dem 13. Jh. Das gilt für das Tragwerk des Kirchenschiffs, das auch als »Wald« bezeichnet wurde, und für das der Türme. Jeder Balken stammt von einem anderen Baum.

Vorherige Doppelseite:
Das südliche wie das nördliche Querschiff wurden von Jean de Chelles, dann von Pierre de Montreuil Mitte des 13. Jhs. um vier Meter verlängert. Das Ziel dabei war, die Wände zu entlasten und mehr Licht hereinzulassen, aber auch, die Pracht der Kathedrale zu steigern, indem sie mit Lanzetten, Bögen, Friesen und schlanken Wimpergen ausgestattet wurde. Zudem erhielt sie ein reiches ikonographisches Programm, wie hier am Portal, das dem hl. Stephanus gewidmet ist. Rechts ist die Sakristei zu sehen, ein Werk von Viollet-le-Duc.

Bild rechts:
Die beiden Anfang des 14. Jhs. von Jean Ravy geschaffenen Geschosse mit Strebebögen an der Apsis stützen sich auf ein und dasselbe Widerlager. Die größten Strebebögen haben eine Länge von fünfzehn Metern. Die Balustrade stammt aus dem 12. Jh. und verbirgt eine Traufe, die das Regenwasser aufnimmt.

nicht abgerissen worden zu sein, wiederholt wird sie restauriert und umgebaut. Die spektakulärsten Umbauten stammen aus dem 12. Jh. Étienne de Garlande, Erzdiakon von Paris, erreicht es, dass König Ludwig VI. (1108–1137), zu dessen wichtigsten Beratern er zählt, für den Unterhalt der Kirche einen Teil der Einkünfte gewährt, die ihm während der Vakanz des Bischofssitzes zufallen. Diese Rechte werden unter Ludwig VII. (1137–1180) bestätigt und erweitert, der damit die reformatorischen Prinzipien anwendet, die von den Päpsten des 11.–12. Jhs. vorgesehen waren. Zu dieser Zeit unternimmt Bischof Thibaud II. (1144–1158) wahrscheinlich die Instandsetzung der Fassade. Dieser ehemalige Prior von Saint-Martin-des-Champs hatte in der Kapelle seines Klosters am rechten Seine-Ufer die ersten Anfänge der Gotik sehen können. Als Zeitgenosse von Abt Suger wird der Bischof von den Arbeiten an der Abteikirche Saint-Denis, bei denen sich die Anfänge der gotischen Kunst entfalten, inspiriert. Damals werden ein Marienportal mit Gewändestatuen und ein weiteres Portal mit dem Jüngsten Gericht an der Fassade der Basilika erbaut. Das Marienportal wird mit einigen Umänderungen Anfang des 13. Jhs. als Portal Sainte-Anne für die neue Kathedrale wiederverwendet, während das Portal des Jüngsten Gerichts beim Wiederaufbau im Mittelalter weitgehend aufgegeben wird. Zur selben Zeit, 1151, schenkt Suger der Kathedrale ein Buntglasfenster mit einer Darstellung der *Glorifikation Mariens*, eines der Fenster, die später im 18. Jh. ausgebaut werden. Die Basilika befindet sich also mitten in einer Renovierung ihres Bauschmucks, als der Bischof 1147 Papst Eugen III. feierlich empfängt, der Rom in Folge von Volksaufständen, die seine Macht bedrohten, hatte verlassen müssen.

Der entscheidende Einfluss von Maurice de Sully

Schon bald werden die laufenden Reparaturarbeiten als völlig unzureichend beurteilt. Dieser Meinung ist zumindest der 1160 feierlich eingesetzte Bischof Maurice de Sully, der beschließt, als Ersatz für die alte Basilika ein völlig neues Bauwerk in Auftrag zu geben. Papst Alexander III. soll den Grundstein dafür gelegt haben, als er im Frühjahr 1163 durch Paris kam. Die neue Kirche liegt weiter östlich auf der Île de la Cité, was nach dem Abriss der alten Basilika eine Vergrößerung des Vorplatzes ermöglicht. So soll Raum geschaffen werden für die Feierlichkeiten bei religiösen Zeremonien, insbesondere für die Ankunft von Prozessionen, und es entsteht ein Lagerplatz für Material, das für den Neubau benötigt wird. Zunächst wird vom Vorplatz aus eine neue Straße gebaut, die sechs Meter breite Rue Neuve-Notre-Dame, die eine Verbindung zwischen der künftigen Kathedrale und dem Königspalast herstellt. Die Häuser im Gewirr schmaler Gassen um die Basilika werden ebenso abgerissen wie das alte Hospital. Viele Bewohner werden enteignet. Durch die Entscheidung, das Bauwerk weiter östlich, jenseits der Basilika, zu errichten, kann der Bau der neuen Kirche mit dem Chorhaupt und dem Chor begonnen werden, sodass die Messen ohne Unterbrechung abgehalten werden können.

Maurice de Sully genießt ein recht langes Episkopat, bis 1196, und er kann den Großteil seines Projektes verwirklichen. 1163 beginnen die Arbeiten und 1177 ist das Chorhaupt, das Werk eines ersten, anonym gebliebenen Architekten, vollendet, auch wenn die Einwölbung noch aussteht. Ein neuer Architekt übernimmt es, die hintere Wand des Querschiffs zu schließen. 1182 weiht der päpstliche Legat Henri de Château-Marçay den Hauptaltar feierlich ein. Er zelebriert die Messe mit etwa hundert Geistlichen, was vermuten lässt, dass der Chor mit fünf Jochen und einem doppelten Chorumgang ebenfalls bereits nutzbar war. Strebebögen stützen das Chorhaupt von außen und erleichtern das Durchbrechen der Fenster im oberen Teil einer besonders dünnwandigen und hohen Mauer. Ursprünglich waren diese Fenster einflügelig. Als Maurice de Sully am 11. September 1196 stirbt, muss das Dach aus Blei noch fertiggestellt werden, für das der Bischof in seinem Testament eine große Summe (100 Pariser Pfund) hinterlassen hatte, außerdem noch das Kirchenschiff und die Türme. Auch die Fassade muss noch errichtet werden.

Unter den Episkopaten von Eudes de Sully (1196–1208), der trotz des Namens mit seinem Vorgänger nicht verwandt und im Gegensatz zu ihm adliger Herkunft war, anschließend von Pierre de Nemours (1208–1219) und Guillaume de Seignelay (1220–1223) wird eine erste Version der Kathedrale vollendet, die zwei anderen, ebenfalls anonym gebliebenen Architekten anvertraut worden war. Das Schiff umfasst in der Länge acht Joche und besitzt zwei Seitenschiffe. Die Fassade ist mit dem Schiff verbunden – durch das Portal erreicht der Besucher also direkt den Hauptraum, ohne eine Vorkirche durchschreiten zu müssen –, und die Türme sind sorgfältig in die Fassade eingefügt. 1220 werden die Statuen auf der Galerie aufgestellt.

Das anfängliche Projekt, das sich somit über etwa sechzig Jahre hinzog, wurde gelegentlich abgeändert, insbesondere unter dem Einfluss zeitgenössischer Bauprojekte, wie in Chartres oder Soissons. Der Erfolg Anfang des 13. Jhs. ist jedoch spektakulär. Die Maße der Kathedrale von Paris übertreffen die aller westlichen Kirchen: Sie erreicht eine Länge von 127 Metern, eine Breite von 40 Metern und eine Höhe bis zum Gewölbe von 33 Metern. Der innere Wandaufriss umfasst vier Zonen, und zwar von unten nach oben die Spitzbogenarkaden, die Emporen in den Seitenschiffen, die Fensterrosen, von denen die Emporen oben geschmückt werden, sowie die Fenster des Obergadens.

Bild links:
Die Zwillingsbogen mit filigranem Vierpass darüber muten an wie Häkelspitze aus Stein. Sie sind Teil der Galerie, welche die beiden Türme der Fassade miteinander verbindet. Die Mauern selbst sind mit verschiedenen Kreuzblumen geschmückt.

Bild oben:
Die Anmut der Galerie steht in gewolltem Kontrast zur Hässlichkeit der Tiere, von denen sie bevölkert wird. Hier ein Wasserspeier in Form eines Fabeltiers.

Dieser erste, kühne und innovative Wurf ist also weitgehend das von Maurice de Sully geplante Werk. Hat ihn das Streben nach Größe dazu angestachelt, einen derartigen Bau ins Auge zu fassen? Seine Kritiker haben es sich nicht entgehen lassen, dies anzudeuten, angefangen bei seinem Zeitgenossen, dem Theologen Pierre le Chantre (Petrus Cantor), der im Namen der Armut und Bescheidenheit Christi ganz offen den Bau von Kunstwerken kritisiert, die er als extravagant verurteilt. Im Grunde genommen repräsentierte Maurice de Sully, der aus einem einfachen bäuerlichen Milieu aus Sully-sur-Loire stammte, den Geist der Schulen, wie sie sich seit Beginn des 12. Jhs. in Paris entwickelten. Sein Projekt lässt sich ohne Bezugnahme auf die intellektuelle Überlegenheit der Stadt nicht erklären: Er handelte wie ein gelehrter Geistlicher, der nach den neuesten Prinzipien der Theologie und des Kirchenrechts ausgebildet wurde. In den 1120er-Jahren setzen sich die Pariser Schulen für Theologie als die wichtigsten im Westen durch. Die Umgebung von Notre-Dame ist bevölkert von Klerikern, die eine Tonsur und ein langes Gewand tragen und sich unter den Schutz der Kirche stellen. Sie sind gelegentlich sehr jung und besiedeln bald die Hänge des Berges Sainte-Geneviève am linken Seine-Ufer, auf dem Gebiet der aufgegebenen einstigen gallo-römischen Stadt, wo man leicht eine Unterkunft findet. Damals sind mehrere Schulen berühmt: Saint-Germain-des-Prés und seine Klosterschule, sowie Sainte-Geneviève und Saint-Victor, wo die Kanoniker des Augustinerordens lehren. Aber die Schule der Kathedrale übertrifft sie alle, auch wenn Meister wie Abaelard sich nicht damit begnügten, nur in ihrem eigenen Kloster zu unterrichten. Zwischen den Lehrmeistern der Kathedrale und den Kanonikern von Saint-Victor bahnen sich enge Verbindungen an. Hugo von Saint-Victor, der die Nachfolge von Guillaume de Champeaux antritt, ist ein einflussreicher Theologe. Seine Lehre gründet er auf einer wörtlichen Auslegung der Bibel. Sein Schüler Petrus Lombardus ist einer der Lehrmeister der Kathedrale und wird 1159 schließlich Bischof von Paris. Er stirbt jedoch bereits ein Jahr später. Themen seines Buches *Sententiae* sind die Grundlagen des Dogmas der Trinität, der Schöpfung, der Inkarnation, der Erlösung, aber auch der Normen, die die Sakramente bestimmen sollen. Alles Überlegungen, die ihre Illustration in der Ikonographie der neuen gotischen Kunst finden.

Maurice de Sullys Laufbahn muss in diesem Kontext betrachtet werden. Er wird zuerst Kanoniker von Paris, dann Erzdiakon. 1160 wählen ihn die Kanoniker wegen seiner Fähigkeiten als Kanzelredner zum Nachfolger von Petrus Lombardus. Seine ursprünglich auf Lateinisch verfassten Predigten werden ab 1170 in zahlreichen Handschriften kopiert und in die Alltagssprache übertragen. Der neue Bischof von Paris stellt zudem seine Qualitäten in der Verwaltung unter Beweis. Seine Nähe zu Ludwig VII. und Philipp II. August, dessen einflussreicher Berater er ist, belegt seinen politischen Einfluss. 1190, als Letzterer zu einem Kreuzzug aufbricht, benannte er Maurice de Sully als einen seiner sechs Testamentsvollstrecker.

Der Bischof entwickelt sich also in einem kulturellen Umfeld, das an der Spitze des Fortschritts steht. Die Ideen sprudeln, die Schüler strömen herbei: Als

Vorherige Doppelseite:
Der Wasserspeier an der Südfassade des Kirchenschiffs ist extrem langgestreckt, um das Regenwasser möglichst weit weg von der Mauer auszuspucken. Ein hingekauerter Mensch scheint in die Welt der Spaßvögel zu gehören, mit denen auch mittelalterliche Handschriften gelegentlich geschmückt wurden.

Bild links:
Detail der Rankenornamente und Krabben im unteren Bereich des Nordturms. Die groteske Figur ist ein Werk von Viollet-le-Duc.

Folgende Doppelseite:
Ansicht der Türme vom Kirchenschiff aus gesehen. Viollet-le-Duc verzichtete darauf, sie mit Turmspitzen zu versehen.

Maurice de Sully während der Abwesenheit von Philipp II. August 1191 eine Prozession für die Heilung des Erbprinzen, des künftigen Ludwig VIII., organisiert, nehmen daran, wie der Chronist schreibt, seine Kanoniker, seine Kleriker und eine Unmenge Schüler teil, die sich dem Volk anschließen. Die Kathedrale Notre-Dame wurde also von einem Kleriker gebaut, der von der Lehre der Bibel besessen war, auf die er sich in seinen Predigten ständig bezog, um sie mit Kommentaren zu versehen. Er brachte die Forderung nach Wahrheit und Klarheit in das Kirchenrecht ein, das Gratian 1140 zusammengestellt hatte, und unterstützte die hierarchischen Prinzipien des Pseudo-Dionysius Areopagita. Dieser lehrte in seiner Abhandlung *Die himmlische Hierarchie,* dass das Licht Gottes sich stufenweise vom Himmel zur Erde verbreitet, vom Allmächtigen zu den Klerikern, die es den einfachen Gläubigen vermitteln. Alles Prinzipien, die von der gotischen Kunst in Stein gepriesen werden konnten.

Technik und Finanzierung

Das 12. Jh. erlebt eine große architektonische Umwälzung, die den Übergang von der romanischen zur gotischen Kunst erlaubt, und zwar durch allmähliches Herantasten, dessen erste Versuche man in der Île-de-France findet, insbesondere in den Kirchen, die zum Bereich des Königs gehören. Die Neuheiten betreffen das Kreuzrippengewölbe, den Strebebogen, der das Hauptgewölbe stützt, und den Spitzbogen als Ersatz für den Rundbogen. Anfangs werden diese drei Elemente selten gemeinsam verwendet und ihr Einsatz ist nur rudimentär, wie beispielsweise im Chorumgang der Prioratskirche Saint-Martin-des-Champs im Norden von Paris. In der Kirche von Sens, die etwa 1135 begonnen wurde, tauchen sechsteilige Gewölbe mit Stützenwechsel auf, während der Chorumgang weiterhin sein Kreuzgratgewölbe behält. Das ist bedeutend, denn Paris gehört zum Erzbistum Sens. In Saint-Denis, wo Abt Suger gegen 1140 die Fassade und fünf Jahre später den Chor errichten lässt, behält der Architekt ebenfalls eine Stilmischung bei. Im Chor verwendet er das Kreuzrippengewölbe, im Triforium bleibt er hingegen beim Rundbogen. Dagegen gehört Notre-Dame tatsächlich zu der Generation von Kathedralen, die ausschließlich gotische Elemente nutzt. Dasselbe gilt für Noyon, Senlis und Laon im Norden Frankreichs, für den Chor der Abteikirche Saint-Rémi in Reims, Notre-Dame en Vaux in Châlons-sur-Marne und Saint-Quiriace de Provins im Osten Frankreichs.

Die Architekten dieser ersten Kathedrale sind, wie bereits erwähnt, anonym geblieben. Das soll nicht heißen, dass sie unbedeutend waren. Sie haben jedoch keine Entwurfszeichnungen angefertigt, die erhalten geblieben wären und nun als Beleg dienen könnten, wie etwa Villard de Honnecourt im folgenden Jahrhundert. Der Bau wurde dennoch sorgfältig geplant.

Wahrscheinlich spielte der Bischof persönlich eine besonders aktive Rolle bei den Arbeiten, indem er die Materialien auswählte und seine architektonischen und bildhauerischen Ansichten durchsetzte. In seinen Schriften erzählt Suger, wie er in

Bild links:
Die Strebebögen mit ihrer Stützfunktion konsolidieren nicht nur die Mauern, sondern ermöglichen es auch, das Problem des Wasserabflusses vom Dach zu lösen, was den ersten Architekten des 12. Jhs. noch nicht gelungen war. Die Traufen sind im oberen Teil ausgehöhlt und führen zu den Wasserspeiern. Die hier abgebildeten Chimären haben einen rein dekorativen Zweck.

Folgende Seite:
Die Säulen des Kirchenschiffs mit einem Durchmesser von 1,10 m, die Ende des 12. Jhs. aufgestellt wurden, bestehen aus einer Abfolge von Säulentrommeln. Den Abschluss bildet ein Kapitell, das mit stilisiertem Blattwerk geschmückt ist. Diese Säulen können ein Gewölbe mit einer Höhe von etwa 33 m tragen.

Die Kirche gliedert sich in zwei Teile, den Chor und das Schiff. Das Schiff steht für diejenigen, die dem Wellengang der Welt unterworfen sind. Also für »diejenigen, die mit Schiffen auf diesen Wellen unterwegs sind«. Der Chor steht für die Prälaten. Also »für die Heiligen und die Heiligsten der Heiligen«. Der Chor muss bescheidener sein, weil Christus den Kopf neigte, als er seine Seele aushauchte. Dies bedeutet, dass die Kleriker bescheidener sein müssen als das Volk … Chor und Schiff treffen in einem Mittelteil zusammen, der als Kreuz der Kirche bezeichnet wird, weil wir durch die stille Andacht über das Leiden Christi vereint sind … Zwischen dem Klerus und dem Volk befindet sich ein Bereich, der an manchen Orten völlig verschlossen, an anderen jedoch offen ist, insbesondere an den Festtagen. Das bedeutet, dass der Klerus dem Volk an diesen Tagen die Schriften durch die Verkündigung des Evangeliums offenlegen muss.

Die Form der Kirche nach Pierre de Roissy, um 1200

Saint-Denis den Bau der Basilika mit Hilfe »geometrischer und arithmetischer Instrumente« aus der Nähe überwachte und wie er, begleitet von Zimmerleuten, durch die Wälder der Abtei gelaufen ist, um für das Gerüst ausreichend hohe Bäume zu finden. Maurice de Sully hat auf jeden Fall zumindest an der Organisation der Baustelle mitgewirkt. Die Überwachung vertraute er seinem Neffen an, einem Laien, der mit der Tochter der Amme des späteren Königs Philipp II. August verheiratet war.

Man brauchte eine Versorgung mit Wasser, Stein, Sand und Blei. In Paris war dies leichter zu bewerkstelligen als auf anderen Baustellen, da der Flussweg sowie bestimmte Materialien, wie Holz und vor allem Kalkstein, in der Nähe zu finden waren, aber auch wegen der Fülle und guten Qualifikation der Handwerker. Mitte des 12. Jhs. ist Paris bereits für seine Steinbauten berühmt. Die Bevölkerung ist groß und mitten in einem demographischen Aufschwung. Eingestellt werden die Arbeiter in der Nähe, auf der Place de Grève. In den Bauberufen werden im Allgemeinen Wochenverträge abgeschlossen. Die verwendeten Techniken setzen eine Vielzahl an Arbeitern voraus, und auch Kinder sind von solchen Baustellen nicht ausgeschlossen. Sie werden nach Akkord bezahlt. Man kennt schiefe Ebenen und Baugerüste aus Holz, aber das Tragen erfolgt vor allem auf den Schultern, und der Schutt wird in Kiepen abtransportiert. Vielleicht wurden bereits Schubkarren verwendet, deren bildliche Darstellung bleibt bis zum Ende des Mittelalters jedoch selten. Die Kalksteinbrüche befinden sich nicht weit entfernt im Süden der Stadt, am linken Ufer der Bièvre. Der Kalkstein wird von Fachleuten abgebaut und größtenteils im Freien verkauft. Anschließend wird der Kalkstein auf dem Wasserweg auf der Bièvre bis zur Seine transportiert und im Hinblick auf Qualität und Verwendungsweise sortiert. Die Schnelligkeit, mit der die Baustelle vorankam, lässt vermuten, dass auch die Handwerker gut ausgebildet waren. Ganz allgemein sind die *Artes mechanicae,* die praktischen Künste, im Vormarsch, denn im Sinn der Kleriker ist die Ingenieurswissenschaft eng mit der Geometrie verwoben. Sie findet beim Mauerbau und dem Bau von Hebemaschinen ebenso Anwendung wie in der Musik, bei Mauerbögen, Waffen und anderem. Die Steinmetze verstehen es, mit dem Krönel umzugehen, einem Werkzeug mit gezahntem Kopf, die Bildhauer und Glasmacher sind zugleich Künstler und Arbeiter, die sich in Zünften zusammenschließen. Man weiß, dass es im 13. Jh. in Paris alleine in den Bauberufen etwa vierhundert gut qualifizierte Arbeiter gab. Es handelte sich jedenfalls nicht um ehrenamtliche Arbeitskräfte, die ihre Zeit mit viel Elan für Gottes Lohn opferten.

Es mussten Finanzierungsquellen gefunden werden. Die Mittel kamen kaum noch vom König, der sich damit begnügte, dem Bischof einige Einnahmen zuzubilligen, den Erwerb von Grund zu erleichtern und gelegentlich etwas zu spenden. So gewährt im

Bild links:
Schlussstein im Querschiff, der einzige in der Kathedrale, der mit solchen Köpfen verziert ist.

Bild rechts:
Wendeltreppe, die den Zugang zum oberen Teil der Emporen erlaubt. Der Stein ist »en délit« verlegt, d. h. senkrecht zum Boden, die Treppe ist elegant durchbrochen.

Folgende Doppelseite:
Sechsteiliges Gewölbe, das aus drei Spitzbögen gebildet wird, die sich kreuzen, um den quadratischen Raum eines Jochs zu überspannen. Das hier gezeigte Gewölbe des Südturms war besonders schwierig wegen seines hohen Gewichts. Die Säulen tragen den Anfangsstein dieser Gewölbe auf ihrer Kapitelldeckplatte. Durch dieses Verfahren kann die Anzahl der Joche vervielfacht werden und es lassen sich schlankere Gewölbe bauen. Der Eindruck von Höhe und Leichtigkeit wird noch verstärkt durch eingebundene Säulen und Dienste.

Jahr 1179 Ludwig VII. 200 Livres für den Bau der Kathedrale und 1206 gibt Königin Adela von Champagne 20 Mark. Bei diesen Bauarbeiten läuft alles so ab, als seien die beiden Mächte, König und Bischof, deutlich voneinander getrennt gewesen, was nicht heißen soll, der Herrscher habe für das Monument kein Interesse gezeigt: Philipp II. August lässt dort Geoffroi, Herzog von Bretagne und Sohn von König Heinrich II. aus dem Haus Plantagenet, bestatten, dann seine erste Frau Isabella von Hennegau, die bei der Geburt von Zwillingen starb. Die Finanzmittel stammen aber auch nicht ausschließlich aus Spenden, selbst wenn die Pariser – sowohl die städtischen Eliten als auch das einfache Volk – sich großzügig gezeigt haben mögen. Man weiß, dass in einigen Diözesen vom Bischof oder den Kanonikern systematisch Sammlungen organisiert wurden und deren Ergebnis möglicherweise nahezu ein Drittel des Gesamtbudgets erreicht hat. In den Archiven der Diözese von Paris taucht nichts dergleichen auf. Der große Geldbeschaffer ist demnach der Bischof. Seine Großzügigkeit kann so als persönliche Tat erscheinen, vergleichbar dem Testament von Maurice de Sully. Seine Nachfolger haben ebenfalls Finanzmittel aus ihrem persönlichen Reichtum abgezweigt, doch diese Spenden, die sich auf einige hundert Pfund beliefen, sind zwar nicht zu vernachlässigen, stellen jedoch nur einen Bruchteil der Gesamtkosten dar. Die Ausgaben lassen sich nur schwer einschätzen, und es gibt für Notre-Dame keine Unterlagen, die es erlauben würden, einen konkreten Betrag zu nennen. Man weiß lediglich, dass die Sainte-Chapelle hundert Jahre später 40 000 Livres tournois gekostet haben soll, zu einer Zeit, als der durchschnittliche Lohn eines Bauarbeiters in Paris 20 Deniers (240 Deniers = 1 Livre) pro Tag betrug. Das Chorhaupt von Saint-Denis, das zwischen 1140 und 1144 erbaut wurde, soll 2100 Livres gekostet haben. Woher stammten diese Summen? Sie konnten nur aus den Einkünften stammen, die der Bischof verwaltete, aus seinem bischöflichen Zehnten und dem Einkommen der Kanoniker in seinem Umfeld, die auch gemeinsames Vermögen besaßen.

Bild links:
Der Monat August auf der westlichen Fensterrose: Ein Bauer, der bis auf einen Lendenschurz nackt ist, drischt auf der Tenne das Getreide mit seinem Dreschflegel, während, als Zeichen des Überflusses, weitere Bündel warten.

Folgende Doppelseite:
Der vierzonige Wandaufriss Ende des 12. Jhs. änderte sich ab dem 13. Jh. auf dreizonig: Arkaden, Emporen, Obergaden. Die Emporen sind mit 5,90 m Breite und 7,80 m Höhe imposant, jedoch kaum zugänglich. Dennoch tragen sie dazu bei, das Kirchenschiff leichter wirken zu lassen und mehr Licht hereinzulassen. Die Obergadenfenster wurden im 13. Jh. vergrößert und von Viollet-le-Duc restauriert. Er hatte auf seinen Plan verzichten müssen, wieder zur ursprünglichen Viergeschossigkeit zurückzukehren.

Die wirtschaftliche Expansion

Die Einkünfte der Bischöfe und des Kapitels stammten aus blühenden weltlichen Gütern, hauptsächlich aus Grund- und Rechtsherrschaften in der Stadt Paris und der Region Île-de-France. Hinzu kam Grundbesitz in der Provence und der Touraine. Diese weltlichen Güter nahmen eine beachtliche Fläche ein, und der Bischof profitierte von einem Anstieg der grundherrschaftlichen Einkünfte. Die Île-de-France war nämlich Vorreiter bei den landwirtschaftlichen Fortschritten, die den Getreide- und Weinanbau und zugleich die Tierzucht betrafen. Durch den demographischen Aufschwung, bei dem sich die Bevölkerung des Königreichs zwischen dem 11. und 13. Jh. verdreifachte, nahm die Nachfrage zu und neue Ländereien wurden erschlossen.

Der Bischof und die Kanoniker taten sich mit den weltlichen Grundherren zusammen, um neue Dörfer zu gründen und neue Bevölkerungsgruppen zu ermutigen, sich dort niederzulassen. Die Gerichtsgebühren und auch alle anderen Abgaben, die der

Staatsmacht unterlagen (Kopfsteuer, Corvée – eine Form der Fronarbeit –, Bannrecht) waren ebenfalls sehr einträglich geworden, da sie pro Kopf erhoben wurden.
In Paris selbst ist der Bischof einer der bedeutendsten Grund- und Rechtsherren. Das Kernstück seiner Besitzungen liegt in der Nähe des Bischofspalastes auf der Île de la Cité, wo das Hôtel-Dieu und seine Dependancen, die Häuser an der Place du Parvis, die Straßen Rue Saint-Pierre-aux-Boeufs und Rue Sainte-Marine, der Bereich zwischen der Kathedrale, dem Hafen Notre-Dame und dem Hafen Saint-Landry, ein Teil der Häuser der Rue de Glatigny und Saint-Denis-de-la-Chatre seiner Rechtsprechung unterliegen. Die Grenzen dieses Gebiets der Cité, die »öffentlichen Straßen des Bischofs« genannt, wurden um 1115 von König Ludwig VI. anerkannt. Außerdem besitzt der Bischof in der Nähe noch die spätere Île Saint-Louis. Der Hauptteil seiner Güter liegt jedoch vor allem am rechten Ufer der Seine, im Viertel der Kaufleute und Händler der Stadt zwischen dem Grand-Pont und Clichy, das sich mitten in einer demographischen Expansion befindet. Zudem besitzt er insbesondere die Mühlen der Brücke Grand-Pont an der Seine. Was in Texten über das Mittelalter als Couture-l'Évêque bezeichnet wird und die Ville-l'Évêque beherrscht, die sich früher auf dem Gebiet des heutigen Quartier de la Madeleine befand, erstreckt sich zwischen Saint-Roch und dem Dorf Roule, in der Nähe des Handelsplatzes Les Champeaux. Daran teilen sich der Bischof und der König die Rechte, nachdem sie 1223 ein Abkommen unterzeichnet hatten, die sogenannte Philippine. Am linken Ufer der Seine ist der Bischof weniger gut mit Grundbesitz ausgestattet: Er besitzt Clos Bruneau, das bekannt ist für seine Weine, sowie das Lehen Franc-Rosier Richtung Kirche Saint-Séverin und Rue de la Harpe.
Neben diesen herrschaftlichen Gütern sind noch zahlreiche Kirchen und Abteien zu nennen, aus denen der Bischof Einkünfte bezieht, insbesondere in Paris oder in der näheren Umgebung die Kollegialkirche Saint-Germain-l'Auxerrois, zu der Sainte-Opportune gehört, die Kollegialkirchen Saint-Marcel, Saint-Cloud, Saint-Martin de Champeaux und die Kirchen Saint-Éloi, Saint-Magloire, Saint-Victor, Montmartre und Argenteuil … Weiter kommen einige Lehen hinzu, die den Bischof

Bild links:
Eine der wenigen Darstellungen der Kathedrale im Mittelalter verdanken wir Jean Fouquet in dieser Buchmalerei im *Stundenbuch des Étienne Chevalier* (um 1455). Sehr symbolträchtig wählte er Notre-Dame de Paris, um die Hand Gottes darzustellen, die die Dämonen vertreibt, und das Herabkommen des Heiligen Geistes auf die eifrig betenden Gläubigen. Zu sehen ist der südliche Teil der Cité, rechts die Brücke Pont Saint-Michel, die zum Petit-Châtelet am linken Ufer führt. Am Fuße der Kathedrale erstreckt sich das Viertel Rue Neuve-Notre-Dame mit seinen zahlreichen Buchhändlern.

Bild rechts:
Das Bleidach, das aus 1326 Platten besteht, soll über 200 000 Kilogramm wiegen. Beherrscht wird es von dem 96 m hohen Vierungsturm, den Viollet-le-Duc rekonstruierte als Ersatz für den Turm, der sich über der Vierung erhoben hatte, 1792 jedoch mangels Instandhaltung eingestürzt war.

zu einem Feudalherren mit Vasallen und Schlössern machen, insbesondere in Montrouge, Clamart, Saint-Michel-sur-Orge, Brétigny, Massy, Vitry, Fresnes, Chaville, Saint-Cloud, Lagny, Tournan und Chevreuse … Erbittert verteidigt der Bischof seine Besitztümer sowie seine Aufgaben der Gerichtsbarkeit und taucht im 12. Jh. bei zahlreichen Rechtskonflikten auf.

Seine Güter, die bei den landwirtschaftlichen Fortschritten führend sind, zeigen sich auch dem Handel gegenüber sehr offen. Der Vorplatz von Notre-Dame spielt seit der Merowingerzeit die Rolle eines Marktplatzes. Nichts ist hingegen über die Beziehungen zwischen den Klerikern von Notre-Dame und den benachbarten, im Quartier de la Juiverie ansässigen Juden bekannt oder welche Rolle sie bei deren vorläufiger Vertreibung spielten, die König Philipp II. August 1183 anordnete. Zu den Besitztümern des Bischofs kommen, wie bereits erwähnt, die des Kapitels von Notre-Dame hinzu, das seine eigenen Besitzungen verwaltet und in Paris nicht nur verschiedene Lehnsgüter, sondern auch Häuser, Marktstände und Einnahmen aus Renten hat. Die Kanoniker verfügen auch über einen Hafen hinter dem Bischofssitz, wahrscheinlich am Ende der heutigen Rue Chanoinesse, am großen Arm der Seine, der sich dem Handel widmet, während der kleine Arm eher dem Baden vorbehalten ist. 1204 erwarben die Kanoniker auf der Brücke Grand-Pont, wo sich die Geldwechsler zusammengeschlossen hatten, einen Geldwechseltisch. Der Beruf der Geldwechsler war durch die Vielzahl mittelalterlicher Münzen nötig geworden, trotz strenger Kontrollen kam es aber auch zu unseriösen Geschäftspraktiken und Wucher.

Die Theologen von Notre-Dame haben sich lange mit den Überlegungen befasst, welche die Christenheit zu diesem Thema bewegten. Das zeigt jedoch keine feindliche Einstellung gegenüber dem Handel, sondern die Sorge des Klerus, wie ein zulässiger Handel zu definieren sei. Das zweite und dritte Laterankonzil 1139 bzw. 1179 untersagten, dass Wucherern die Sakramente gespendet werden durften. Sie konnten auch nicht mehr in geweihter Erde bestattet werden. Robert de Courson, der päpstliche Gesandte, griff 1213 beim Pariser Konzil diese Bestimmungen wieder auf. Das Problem wurde durch Spenden von Wucherern noch komplizierter, insbesondere wenn es um eine Mitfinanzierung des Kirchenbaus ging. Durften solche Spenden angenommen werden? Musste nicht ein Gebäude abgerissen werden, das durch unlauter erworbenes Geld erbaut worden war? Die Theologen diskutierten darüber und berichteten, dass Thibaut der Reiche, ein bekannter Wucherer, Maurice de Sully vorschlug, er werde ihm eine große Summe Geld schenken, um sich von seinen Sünden reinzuwaschen. Der Bischof soll dies angenommen haben, aber da Petrus Cantor diesem Vorgehen gegenüber sehr negativ eingestellt war, ließ Thibaut in der gesamten Stadt ausrufen, er werde die zu Unrecht gemachten Gewinne den Privatpersonen zurückerstatten, bevor er die restliche Summe für den Bau der Kathedrale überschreiben werde.

Bild links:
Die Ecke, die vom südlichem Querschiff und dem Chor gebildet wird. Zu sehen ist auch die Terrasse, die den Emporen als Dach dient. Sie ist so erhalten, wie sie Anfang des 13. Jhs. angelegt wurde. In der oberen Zone befinden sich Fensterrosen über den Fenstern, so dass viel Licht ins Innere der Kathedrale fällt.

Bild rechts:
Diese Buchmalerei aus dem 15. Jh. illustriert sehr schön die wirtschaftliche Expansion des Pariser Beckens zum Zeitpunkt des Baus der Kathedrale. Sie zeigt den Bischof von Paris, wie er den Markt von Lendit segnet.

Vorherige Doppelseite:
Von den mittelalterlichen Fabeltieren und Monstern war im 19. Jh. mit Ausnahme einiger Spuren in Form von Pfoten und Krallen nichts mehr erhalten geblieben. Viollet-le-Duc rekonstruierte daher eine Fauna, die alle Wände und vor allem die Grande Galerie einnimmt, wo, auf die Balustrade gestützt oder auf die Säulen der Giebel gestellt, realistische Tiere, wie der Pelikan, oder Fantasietiere – halb Mensch, halb Tier und häufig geflügelt, immer jedoch sehr ausdrucksstark – nebeneinander existieren.

Bild rechts:
Wanddetail am südlichen Querschiff.

Die Wiederaufnahme der Arbeiten im 13. Jh.

Die Osthälfte der Insel war seit über fünfzig Jahren eine riesige Baustelle, was den Parisern das Leben sicher nicht erleichtert hat, noch dazu, wo Maurice de Sully gleichzeitig am Südufer der Seine den Bau des neuen Hôtel-Dieu und an der Südseite der Kathedrale den Bau eines neuen Bischofspalastes unternahm. Beide Bauwerke lagen außerhalb der gallorömischen Umfassungsmauer, und der Boden, der dort weitgehend Schwemmland war, musste zunächst durch Pfähle stabilisiert werden. Auch der Westteil der Île de la Cité, wo die Könige des 12. Jhs. Verbesserungen an ihren Palästen vornahmen, blieb nicht verschont, aber eigentlich galt dies für die gesamte Stadt. Die Kapetingerkönige hatten sie zu ihrer Hauptstadt gemacht, und Philipp II. August machte sich nun an ihre Verschönerung. Es wird erzählt, er sei durch den abscheulichen Gestank, der von den schlammigen Gassen ausging, so belästigt gewesen, dass er beschlossen habe, diese zu pflastern. Sein Ehrgeiz habe sich jedoch auf die Hauptstraßen und wichtigen Kreuzungen beschränkt. Er beschloss insbesondere, die Stadt durch eine neue Stadtmauer zu umgrenzen, die ab 1190 errichtet wurde und etwa zweihundert Hektar umschloss. Auch den Handel schützte er, indem er den Markt von Les Champeaux aufbaute. Die Île de la Cité ist nun einerseits ein Stadtteil, aber sie ist tatsächlich das politische und religiöse Zentrum von Paris.

Die Nachfolger von Maurice de Sully übernehmen gerne auch seine Funktion bei den Bauarbeiten an der Kathedrale, die sie ab den 1220er- bis 1230er-Jahren als unzureichend beurteilen. Insbesondere die Lichtverhältnisse im Inneren sind schlecht, weswegen die Arbeiten am Kirchenschiff wieder aufgenommen werden. Die Ankunft eines neuen Architekten, der nach dem neuesten Stand der Gotik ausgebildet ist, erleichtert die Arbeit: Er ersetzt den oberen Teil der Emporen durch Terrassen, wodurch die dritte Ebene mit den Fensterrosen wegfallen kann. Damit eröffnet sich die Möglichkeit, die Fenster der vierten Ebene deutlich zu vergrößern. Diese bestehen aus zwei eleganten Lanzetten, über denen sich eine Fensterrose befindet. Das Balkenwerk aus dem 12. Jh. wird abgebaut, das Dach erneuert und der Abfluss des Regenwassers verbessert. An der Fassade werden die Türme durch eine Galerie miteinander verbunden, die mit ihren durchbrochenen Steinen den Giebel des Kirchenschiffs dezent verbirgt.

Die Fassade der Notre-Dame wird zudem ausgeschmückt. Überall zieren Frontgiebel, Fialen und Wimperge die Mauern und Fassaden mit ihren Krabben und Kreuzblumen. Bischof Guillaume d'Auvergne (1238–1249) gibt weitgehend den Ausschlag für die nun folgenden Arbeiten. Es geht darum, die Querschiffe zu verlängern. Die Aufgabe wird dem Architekten Jean de Chelles anvertraut, der auch die Ausschmückung des Nordportals übernimmt, des Marienportals. Nach seinem Tod 1258 übernimmt Pierre de Montreuil den Bau des südlichen Querschiffs und des Portals mit Skulpturenschmuck, das dem hl. Stephanus – französisch Saint Étienne – gewidmet ist. Dieser Architekt war für den König bereits bei der Sainte-Chapelle tätig, die zwischen 1246 und 1248 erbaut wurde, und Wilhelm von Auvergne kennt ihn vor allem auch, weil er der Beichtvater von Königin Blanka von Kastilien ist. Von ihm stammt

Bild links:
Zeichnung eines Wasserspeiers, Viollet-le-Duc.

Bild rechts:
Chimären am Südturm.

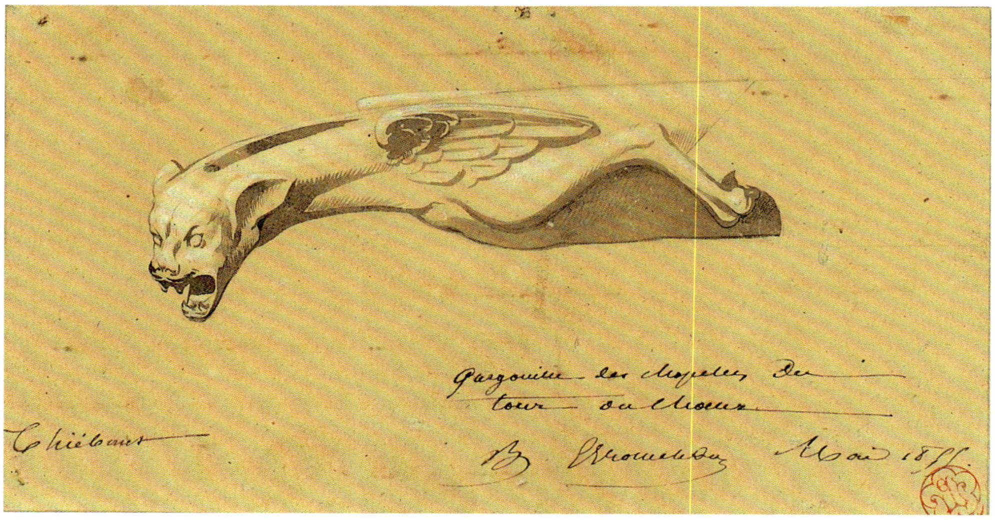

auch das Rote Portal für die Kanoniker auf der Nordseite. Pierre de Chelles übernimmt Ende des 13. Jhs. seine Nachfolge. Schließlich werden die Mauern des Kirchenschiffs und des Chors eingerissen, um die Kapellen bauen zu können. Zur Stabilisierung werden Strebebögen errichtet, doppelte am Chorhaupt, einfache bei den Emporen.
Der Innenraum der Kathedrale wirkt größer, wird jedoch durch den Bau des Lettners sofort wieder optisch verkleinert. Dieser Bau erfolgt durch Pierre de Chelles, gefolgt von Jean Ravy, dem leitenden Architekten zwischen 1318 und 1344. Dieser wird abgelöst durch seinen Neffen, Jean le Bouteiller, anschließend dann 1359 durch Raymond du Temple. Lettner und Abtrennungen dürften um 1370 fertiggestellt worden sein.
Es dauerte also praktisch zweihundert Jahre, bis die Kathedrale das Aussehen hatte, das Viollet-le-Duc im 19. Jh. restaurierte. Sie diente nun den gotischen Kathedralen Europas als Vorbild, die »die französische Kunst« nachahmten. Der Bau von Notre-Dame war das Ergebnis einer systematischen Politik der Bischöfe, die ihre theologischen Anschauungen in Stein gemeißelt sehen wollten. Sie war auch das Ergebnis einer sehr guten Amtsführung. Die einen wie die anderen, an erster Stelle jedoch Maurice de Sully, verstanden es, eine vorbildliche herrschaftliche Verwaltung zu praktizieren. Die Kathedrale hätte allerdings nicht so erfolgreich in die Stadt eingefügt werden können, wenn Paris nicht gleichzeitig Hauptstadt des Königreichs der Kapetinger und die größte Metropole im Westen geworden wäre, sowohl auf Grund ihrer großen Bevölkerungszahl als auch wegen ihres intellektuellen Einflusses.

Marienverehrung

Die Jungfrau Maria ist in der Kathedrale allgegenwärtig. Es sind rund vierzig Darstellungen in Form von Statuen oder Buntglasfenstern gezählt worden. Meist ist sie nicht alleine dargestellt, sondern von Heiligen umgeben, die sie zu Gott geleitet. Sie sollen für die Menschen, die von der Ursünde und durch eigene Fehler befleckt sind, von Gott das Seelenheil erbitten. An ihrer Fassade erzählt die Kathedrale die Geschichte solcher Fürbitten. Dort ist auch zu sehen, wie die Männer und Frauen im Mittelalter das ewige Heil durch Gebete und gute Taten erringen konnten. Maria ist aber auch die Mutter Gottes. In den Szenen, die die Chorschranke schmücken, zeigt sie den Gläubigen, wie sie sich an das Leiden Christi erinnern sollen, der auf die Erde gekommen ist, um die Sünden der Menschheit auf sich zu nehmen.

Von Saint Étienne zu Notre-Dame

Ursprünglich war die christliche Basilika von Paris dem hl. Stephanus – französisch Saint Étienne – geweiht. Als Karl der Große 775 einen Streit zwischen der Kathedrale und der Abtei Saint-Denis schlichtet, bezeichnet er sie jedoch als »Notre-Dame«, also als die Kathedrale »Unserer liebe Frau«, noch bevor er den hl. Stephanus (Saint Étienne) und den hl. Germanus (Saint Germain) erwähnt. Damals tauchte dieser Name erstmals auf, und die Gottesmutter Maria wurde damit an die Spitze der Schutzheiligen der Kirche gesetzt. In der Folgezeit war »Notre-Dame« ihr einziger Name. Lange glaubte man, er sei einer anderen Merowingerkirche vorbehalten gewesen, die als die persönliche Kirche des Bischofs galt, und nicht für die Basilika verwendet worden. Nach verschiedenen Ausgrabungen hat man diese Hypothese heute jedoch aufgegeben. Als Ursprung der Kathedrale gibt es nur eine einzige Kirche, die Basilika. Hingegen hat sich die Verehrung Marias hier sicher erst mit der Ankunft der ersten Kanoniker und dem Beginn der Regierungszeit der Karolinger um 754 entwickelt. Chrodegang, der Bischof von Metz, verfasste damals eine Vorschrift, die es den Geistlichen seiner Kathedrale auferlegte, gemeinsam zu leben und zu beten. Diese Reform erstreckte sich rasch auf alle Kathedralen des Reiches von Karl dem Großen. Dort wurden die Geistlichen Kanoniker und waren in den Kapiteln zusammengefasst. In dieser Zeit gab es in der Kathedrale von Paris die ersten Kanoniker, und das Kapitel bewahrte voller Stolz die Erinnerung an diese Gründung.

Diese Geistlichen waren keine Mönche im eigentlichen Sinn. Sie mussten zwar innerhalb der Mauern eines Klosters leben, verfügten jedoch über Privathäuser auf dem umfriedeten Gelände. Ihr Gemeinschaftsleben bestand darin, jeden Tag in der Messe zu beten und zu singen und sich dem Studium und der Lehre zu widmen. Als Kleriker des Bischofs waren sie wertvolle Hilfen für seine Verwaltung. 829 versah Bischof Inchad von Paris das Kapitel mit Gütern, die den Grundstein für dessen weltliches Vermögen legten. Die Kanoniker mussten dieses Vermögen verwalten.

Vorherige Doppelseite: *Entschlafung Mariens* in einem der Medaillons, die wahrscheinlich im 17. Jh. im Nordteil des Chorhauptes platziert wurden. Dieses Basrelief könnte von 1320 und aus der Innenausschmückung des mittelalterlichen Chors stammen. Die von den Engeln in Kenntnis gesetzten Apostel umgeben die entschlafene Maria vor ihrer Himmelfahrt.

Bild rechts: Am Annenportal, dem südlichen Portal der Fassade, finden sich die ältesten Skulpturen der Kathedrale Bemerkenswert ist besonders die Thronende Madonna im Tympanon, die das Jesuskind auf ihrem Schoß hält. Am oberen Türsturz ist das Leben Marias dargestellt, das sich am unteren Türsturz fortsetzt, der auch dem Leben der hl. Anna gewidmet ist. Die Statue des hl. Markus am Türpfeiler wurde im 19. Jh. komplett neu angefertigt, der Künstler ist Geoffroy-Dechaume.

Folgende Doppelseite: *Entschlafung Mariens*, Detail der Apostel.

Bild rechts:
Die *Jungfrau mit dem Kind* vom Türpfeiler des Klosterportals an der Nordseite der Kathedrale. Es ist die einzige große Statue, die von der Revolution verschont blieb, und wahrscheinlich das Werk von Pierre de Montreuil aus der zweiten Hälfte des 13. Jhs. Das Kind, das Maria auf dem linken Arm trug, wurde 1820 gestohlen. Durch ihre Krone, die Körperhaltung und den Faltenwurf ihres Kleides nahm sie für die Kanoniker, die durch diese Tür gingen, das Aussehen einer Königin an.

Außerdem erhielt jeder von ihnen eine Pfründe in Zusammenhang mit seinen Aufgaben. Spirituell betrachtet bewahrten die Kanoniker eine besondere Verehrung für die Muttergottes Maria, und es war ihnen stets ein wichtiges Anliegen, dass ihre verschiedenen Feste würdig gefeiert werden sollten.

Die Verehrung der Muttergottes Maria entwickelt sich besonders stark im 12. Jh. Zu dem Zeitpunkt, als die Kathedrale von Paris erbaut wird, ist noch das mönchische Ideal vorherrschend, vor allem das der Zisterzienser, der weißen Mönche und Nonnen, das von der bedeutenden Persönlichkeit des hl. Bernhard von Clairveaux beherrscht wird. Nun wendet sich die Verehrung besonders der Jungfrau Maria zu, für die Hymnen geschrieben werden. Sie ist die Geliebte im *Hohelied*, zugleich Ehefrau und Mutter. Nur sie alleine ist im Stande, die Fehler der Frau gewissermaßen auszulöschen, die Quelle unreiner Begierden. Auf Maria richten sich die mystischen Gefühlsäußerungen, die das fleischliche Begehren transzendieren. Die Botschaft verbreitet sich besonders gründlich, da sich Gemeinschaften des Zisterzienserordens überall im Westen niederlassen. Um 1150 zählt er über 350 Klöster, wodurch er der Marienverehrung in den Kathedralen den Weg bereitet. Gleichzeitig stärkt das Konzept der »höfischen Liebe« zugleich die Liebe zur Jungfrau Maria. An den Höfen verherrlichen die Troubadoure in ihrer Dichtkunst die Gemahlin des Herrn, doch durch die Art der Darstellung wird die Liebe zu ihr überhöht und die Dame des Hofes unerreichbar. Ähnlich ist es mit der Marienverehrung, bei der ebenfalls Begehren zur höchsten Liebe transzendiert wird. Die Bildwerke von Notre-Dame belegen, dass sich der Marienkult nicht auf das höfische Leben beschränkte: Er hatte die Städte erreicht, angefangen bei Paris, und sich in den Zünften ebenso entwickelt wie im Volk.

Ende des Mittelalters ist die Erinnerung an dieses schöne 12. Jh. noch so lebendig, dass die Gläubigen noch immer die Gebete an Maria wiederholen, die die Menschen der damaligen Zeit gebetet hatten. So legte 1459 ein französischer Chronist normannischer Herkunft, Noël de Fribois, Karl VII., dessen Sekretär und Berater er gewesen war, das *Abrégé des Chroniques de France* (eine Kurzfassung der Chroniken Frankreichs) vor und unterbricht darin den Bericht über die Ereignisse, um die Lobpreisungen Marias zu zitieren, die Petrus Comestor in seiner im 12. Jh. geschriebenen *Historia Scholastica* gemacht hatte: »Wer du auch seiest und wie bedeutend, Maria, Jungfrau und Königin, kein Buchstabe und kein Alter wird dies ausdrücken können«, und er erklärt seinen Lesern, die den Sinn der Begriffe, die einem so alten Text entnommen wurden, möglicherweise nicht mehr verstehen, dass »kein Buchstabe und kein Alter wird dies ausdrücken können« bedeute, »dass sich dies schriftlich nicht beschreiben lässt und dass keine Zeitspanne ausreichen wird, um es auszudrücken«.

Schließlich fügt Noël de Fribois seine eigene Lobpreisung der Jungfrau Maria ein, dieses Mal die eines Mannes des 15. Jhs.: »Die gebenedeite Jungfrau Maria trägt einen exzellenten Namen, kein Lebewesen verdient einen exzellenteren. Dieser Name besagt, dass sie als Jungfrau die Mutter Gottes geworden ist, dieser Name ist von so großer Würde, dass nicht nur diejenigen, die durch das Jammertal dieser Welt gehen, sondern auch

Bild rechts:
In einem anderen Basrelief von 1320 an der Nordseite des Chorhaupts tragen die Apostel den Sarg der Jungfrau, der mit einem Tuch bedeckt ist. Ihre Gesichter spiegeln ihre Gefühle zwischen Schmerz und Hoffnung.

Folgende Doppelseite:
Szenen aus der Kindheit Jesu im Tympanon des Portals im nördlichen Querschiff, des Klosterportals. Gezeigt werden *Christi Geburt* und *Jesus im Tempel*. Bemerkenswert sind die feinen Gesichtszüge Marias.

diejenigen, denen ewiger Ruhm zuteilwird, nicht nur die Menschen, sondern auch die Engel, ihr als Vorrecht die Reverenz erweisen. Und da sie die Mutter Gottes ist, wird sie vor allen Lebewesen bevorzugt. Das ist der Grund, warum sie vor allen anderen Lebewesen zu ehren ist.« Da der Autor bei diesem Text von den Schriften des hl. Bonaventura angeregt wurde, einem Theologen der Franziskaner aus dem 13. Jh., beweist die Hymne an die Jungfrau Maria eine schöne Kontinuität, die in der Kathedrale auch in Stein und Glas verewigt wurde.

Von der Jungfrau mit Kind zur gekrönten Maria

Die Bedeutung und das Mysterium der Maria haben ihre Wurzel darin, dass Maria zugleich Kind Gottes und die Mutter Gottes ist, da sie sowohl jungfräulich empfangen wurde als auch empfangen hat. Durch ihre Jungfräulichkeit ist sie ohne Sünde, wie es sich im mittelalterlichen Glauben durchgesetzt hat, auch wenn das Dogma der Unbefleckten Empfängnis durch die Kirche erst 1854 festgeschrieben wurde. Die Vielfalt an Darstellungen in der Kathedrale zeugt von dieser Komplexität des Themas. Diese spiegelt sich auch in dessen bildhauerischer Behandlung durch die Zeiten. Im Tympanon des Annenportals oder im Zentrum der Buntglasfenster ist die Madonna im romanischen Stil zu sehen. Sie sitzt frontal zum Betrachter in feierlicher Sammlung und präsentiert das Jesuskind. Darauf folgt zeitlich die Darstellung am Portal des nördlichen Querschiffs, die fließende Formen aufweist. Maria trägt hier das Jesuskind auf der Hüfte. Das Basrelief der Chorschranke zeigt dagegen im Rahmen der Leidensgeschichte Christi die Schmerzensmadonna, während sich am Marienportal eine Marienkrönung durch den Christus findet, ein Ausdruck göttlicher Transzendenz. Alle diese Darstellungen geben Aufschluss über das Marienleben, so wie es die Glaskünstler und Bildhauer des Mittelalters verstanden haben. Ihr Wissen gründet weniger auf den Evangelien als auf späteren Quellen, insbesondere den apokryphen Schriften, den Zeugnissen der Kirchenväter, insbesondere des hl. Augustinus, außerdem aus Bibelkommentaren und Heiligenlegenden. Im 13. Jh. fasste die von dem Dominikaner Jacobus de Voragine redigierte *Legenda aurea* (Goldene Legende) diese verschiedenen Gesichtspunkte zusammen und beleuchtete die Botschaft der Kathedrale unter dem Marienaspekt. Insbesondere verweilte sie bei dem Thema der jungfräulichen Geburt: »Fünf Beweise gibt es dafür, dass sie Jungfrau blieb. Da ist zuerst die Prophezeiung Jesajas: Siehe, eine Jungfrau wird schwanger werden… Der zweite Beweis wird sichtbar: Das Ereignis wird angedeutet durch den Stock Aarons, der ohne menschliches Bemühen blüht, und durch das Tor im Tempel, das laut der Vision Ezechiels immer geschlossen bleibt. Den dritten Beweis erbringt Joseph, der durch den sichergestellten Schutz ihre Jungfräulichkeit bezeugt. Der vierte Beweis kommt einer Überprüfung gleich. Als die Zeit von Marias Niederkunft nahte, rief Joseph zwei Hebammen, von denen eine Zebel, die andere Salome hieß:

Bild links:
Begegnung der Eltern von Maria an der Goldenen Pforte in dem Moment, als die hl. Anna weiß, dass sie nach einer unbefleckten Empfängnis Maria unter ihrem Herzen trägt.
Dieser Ausschnitt aus der Liturgie der Jungfrau ist ein Höhepunkt der Darstellungen am Annenportal.

Nicht, dass er daran gezweifelt hätte, dass die Jungfrau Gott zur Welt bringen sollte, aber er hielt die Gebräuche des Landes ein. Zebel betrachtete Maria, und als sie sah, dass diese Jungfrau war, verkündete sie, eine Jungfrau habe ein Kind geboren. Aber Salome glaubte das nicht und wollte die Sache prüfen. Daraufhin verdorrte sofort ihre Hand. Auf Anordnung eines Engels jedoch, der ihr erschien, berührte sie das Kind und wurde sogleich geheilt. Der fünfte Beweis ergab sich durch ein Wunder, das in Rom geschah, als die Jungfrau ihr Kind gebar.«

Die Kathedrale von Paris trug in gewisser Weise dazu bei, dass die Mariendogmen entstanden. Die Evangelien sind im Hinblick auf das Leben Marias nicht sehr auskunftsfreudig, und die Theologen mussten sich sehr bemühen, um ihren Stammbaum mitzukonstruieren, der sie, wie auch Jesus Christus, von der Linie König Davids abstammen lässt. Am Türsturz des Annenportals ist das Leben ihrer Eltern, der hl. Anna und des hl. Joachim, in mehreren Szenen ausführlich beschrieben. Das Paar, das vom Hohepriester wegen Unfruchtbarkeit aus dem Tempel gewiesen wurde, wird wie durch ein Wunder geheilt. Ein Engel verkündet Joachim die Geburt der Jungfrau. Er kehrt aus dem Exil zurück und trifft Anna an der Golden Pforte. Am Portal folgen Szenen aus dem Leben von Joseph und Maria. Am oberen Türsturz sind zu sehen: die Episoden rund um die Geburt Christi, die Verkündigung, die »Heimsuchung«, also der Besuch Marias bei ihrer Base Elisabeth, die Geburt und die Anbetung der Hirten, wobei sich bereits der Kindermord abzeichnet. Herodes beherrscht durch seine Körpergröße die ihn umgebenden Schreiber. Sucht er nicht vergebens herauszufinden, wo der König der Juden geboren wurde? In Notre-Dame bleiben seine Anstrengungen ohne Erfolg, denn er kann nicht verhindern, dass sich der Plan Gottes erfüllt. Die Jungfrau Maria verkündet dies ganz oben im Tympanon, wo sie, auf ihrem Thron unter einem königlichen Baldachin sitzend, ihren Sohn präsentiert. Ihre Krone und ihr Zepter sind zum Zeichen ihrer Jungfräulichkeit und zu ihrer Verherrlichung mit Blumen geschmückt, die wiederum ein Symbol des Lebens sind. Durch sie wurde Wort Fleisch, und die Kathedrale ist der Spiegel der Dankbarkeit der Gläubigen. Die Bildwerke in diesem Gotteshaus zeigen aber auch, dass Maria bereits in einer anderen Welt ist, in der Welt Gottes, in seiner Stadt, dem himmlischen Jerusalem. Dem hl. Augustinus zufolge sollte diese himmlische Stadt das Vorbild sein für die Städte der Menschen.

Das Fest Mariä Himmelfahrt am 15. August ist eines der wichtigen Feste der Marienverehrung und in der Kathedrale Anlass für eine feierliche Liturgie, begleitet von speziellen Predigten. Das »Fest der leiblichen Aufnahme Marias in den Himmel« stellte die damaligen Theologen jedoch vor ein schweres Problem. Dabei stellt sich die Frage, wie Maria körperlich in den Himmel auffahren kann – unter Auslassung des Jüngsten Gerichts –, ohne selbst göttlicher Herkunft zu sein. Wie soll man diese Merkwürdigkeit erklären, die Maria möglicherweise dem hl. Johannes teilt, der sie anschließend im Jenseits als bevorzugter Fürsprecher begleitet? Das Marienportal beantwortet die Frage anhand der Auffassungen des frühen 13. Jhs. Es zeigt die Propheten, die sich versammeln, um die außergewöhnliche künftige Entwicklung Marias zu verkünden. Sie bewachen die Bundeslade, die auf

Bild links:
Die *Krönung Mariens*, 1453 von Enguerrand Quarton für die Kartause von Villeneuve-lès-Avignon gemalt, illustriert sehr schön die Entwicklung des Glaubens: Ende des Mittelalters ist das Fegefeuer neben der Hölle, dem Paradies und der Vorhölle zu einem anerkannten Ort geworden, und man glaubt, die Gebete der Lebenden könnten das Leid derer abkürzen, die dort gefangen sind. Den Schöpfern der zweihundert Jahre älteren Skulpturen von Notre-Dame sind solche Gedanken noch vollkommen fremd.

Bild rechts:
Am Marienportal, am äußeren Türsturz, entrollt einer der Propheten die Verkündung der Ankunft Christi.

Folgende Doppelseite:
Die Westrosette mit etwa 9,60 m Durchmesser befindet sich über dem Portal des Jüngsten Gerichts. Sie stammt von 1220 und wurde im 19. Jh. stark restauriert. Von außen nach innen führen drei konzentrische Kreise zum Zentrum, wo Maria mit dem Kind dargestellt ist. In die Kreise eingefügt sind kleine runde Motivfenster. Sie zeigen die Arbeiten der verschiedenen Monate und die Tugenden, dann die Tierkreiszeichen und die Laster und schließlich die Propheten, die die Ankunft Christi verkündet haben.

das Grab Marias verweist, aus dem sie zum ewigen Leben aufersteht. Sie wachen jedoch nicht über den tatsächlichen Tod Marias, sondern über ihre »Entschlafung«, über ihr Einschlafen, das zum Schlüsselmoment des Übertritts von Maria ins Jenseits wird. Sie hat dies selbst angekündigt. Die Engel entführen in Anwesenheit Christi den Körper der Maria, und die wundersam vereinten Apostel wohnen dem Geschehen bei. So kann auf die Himmelfahrt Mariä die Krönung folgen.

Die Krönungsszene ist in der Kathedrale wiederholt zu sehen. Ein Engel oder Christus selbst erheben Maria zur Königin. Das Motiv ist in der Tat eine Anerkennung des Ruhmes Marias und ihrer hohen hierarchischen Stellung am himmlischen Hof. Alle Elemente dieser Szene sind an der Fassade der Kathedrale bildhauerisch dargestellt: Zu sehen sind Patriarchen des Alten Testaments, Apostel, Märtyrer, Heilige, kirchliche Würdenträger, nicht zu vergessen die Schar der Erzengel und Engel. Genau wie im nichtkirchlichen Leben sind die Personen hierarchisch ihrem Herrn unterstellt, und alle werden von dieser Königin dominiert. An ihrer Seite haben alle teil an der Herrlichkeit Gottes. Aber Maria verkörpert in dieser Szene, die während der letzten Jahrhunderte des Mittelalters so oft wiederholt wird, auch die Kirche, zumindest im Geist der Theologen.

Als Oberhaupt der Kirche kann der Papst so seine göttliche Abstammung herleiten. Unter Innozenz III. wird dies so gesehen. Er zieht es Ende des 13. Jhs. vor, sich als »Stellvertreter Christi« zu erklären und nicht als ein Nachkomme des hl. Petrus. Der kleine Unterschied ist bedeutsam, denn der Papst befreit sich damit von der weltlichen Macht. Und nachdem erst einmal feststeht, dass die kirchliche Hierarchie ihren Anfang bei Gott nimmt, organisiert sich das Machtgefüge der Bischöfe und ihrer Helfer, der Kanoniker, von oben nach unten. Man versteht, welches Interesse der Bischof von Paris und sein Kapitel an einer derartigen Darstellung haben. Die Krönung Mariens gibt der Kathedrale und ihren Würdenträgern ihre Daseinsberechtigung und ist der theologische Bezugspunkt für die Kirche als Institution.

Bild links:
Der Teufel wird in allen möglichen Formen dargestellt. Hier, am Mittelportal, als behaarter Dämon mit Krallen und Hörnern, der versucht, auf der Waage des Jüngsten Gerichts zu wiegen, um so den Verdammten in die Hölle zu bringen.

Maria als Fürsprecherin

Zu dem Zeitpunkt, als dieses ikonographische Programm umgesetzt wird, ist Maria noch nicht die Schutzpatronin, die unter ihrem Mantel alle gesellschaftlichen Stände aufnimmt, wie dies die Barmherzige Maria am Ende des Mittelalters tun wird. Sie ist auch nicht die Maria der Pieta, die die Gläubigen durch den Schmerz ihrer Klage berührt. Das Motiv beginnt gerade erst, in den Szenen der Chorschranke aufzutauchen, die jünger sind als die der Portale – es trennt sie ungefähr ein Jahrhundert. Zu Beginn des 13. Jhs. dient Maria vor allem als Fürsprecherin, die den Gott des Jüngsten Gerichts bittet, er möge die Barmherzigkeit über die richterliche Strenge stellen. Die Furcht vor dem Jüngsten Gericht bleibt tatsächlich maßgeblich, wie es die Szene des Mittelportals zeigt. Das Urteil dieses Gerichts ist klar und hart: Auf der einen Seite sind die Auserwählten, auf der anderen Seite die Verdammten, die nur durch die Fürbitte Marias errettet werden können. Der Traum eines Geistlichen, über den Jacobus de Voragine berichtet, gibt einen Einblick, wie die Männer und Frauen des 13. Jhs. sich diese Fürbitte vorstellten. Dieser Geistliche führte ein ausschweifendes Leben. Nun aber sah und hörte er im Traum, was ihn am Tag des Jüngsten Gerichts wohl erwarten würde. Christus soll gesagt haben: »Entscheide selbst, welches Urteil dieser Mann verdient: Ich ertrage ihn schon lange, ohne bei ihm das geringste Anzeichen für eine Besserung festzustellen.« Unter allgemeiner Zustimmung soll der Herr daraufhin das Urteil der Verdammnis gesprochen haben. Aber Maria soll aufgestanden sein, und sie soll zu ihrem Sohn gesagt haben: »Ich flehe um Gnade für ihn, mein guter Sohn, mildere dein Urteil. Möge er dank meiner leben, er, den seine persönlichen Verfehlungen zum Tod führen.« Und der Herr soll geantwortet haben: »Ich gebe deinen Bitten nach und begnadige diesen Mann, aber unter der Bedingung, dass ich bei ihm eine Änderung sehe.« Daraufhin soll Maria sich dem Geistlichen zugewandt und zu ihm gesagt haben: »Gehe und sündige nicht mehr, wenn du nicht willst, dass dir eines Tages Schlimmeres als dies geschieht.« Und der Geistliche änderte sein Verhalten …

Die Skulpturen an der Fassade von Notre-Dame lassen noch nicht vermuten, dass es einen Zwischenort gibt, das Fegefeuer, aus dem die Seelen durch die Gebete Lebender

BILD LINKS:
Die Darstellung der Ursünde am Türpfeiler des Marienportals dient dem von Maurice de Sully und seinen Nachfolgern gewünschten ikonographischen Programm als Grundlage. Die Sünde, die einerseits durch den Ungehorsam und andererseits durch die Schönheit Evas möglich wurde, führt zum Verlust des üppigen Gartens Eden. Er muss durch Christus wiedergutgemacht werden, den die Jungfrau Maria zur Welt bringt.

BILD RECHTS:
Detail vom Türpfeiler des Marienportals. Der verführerische Dämon nimmt die laszive Form einer wunderschönen Frau mit einem Schlangenschwanz und Krallen an den Händen an. Dieses Bild vermittelten die Kleriker von einer verwerflichen Sexualität.

und durch die Gemeinschaft der Heiligen herauszukommen hoffen. Man weiß jedoch, dass der Glaube an das Fegefeuer sich ab dem 12. Jh. zu entwickeln begann, er hatte sich allerdings noch nicht allgemein verbreitet. An den skulptierten Portalen der Kathedrale führt Maria die Fürbitten nicht an, und sie organisiert weder die Gemeinschaft der Heiligen noch den Gnadenschatz. Die Buchführung des Jenseits gibt es erst in den künftigen Jahrhunderten. Im Augenblick handelt Maria noch relativ alleine, und es ist wichtig, dass der Gläubige direkt und persönlich um ihre Fürbitte nachsucht.

Maria hat es vor allem mit dem Teufel zu tun, und sie rettet die Menschen vor ihrem schlimmsten Feind, der sie in die Hölle führt und sie den schlimmsten Qualen unterwirft. Der Teufel wartet nicht auf den Tod, um in Erscheinung zu treten. Er ist abscheulich und er ist überall und bedroht die Gläubigen zu Lebzeiten. Diese »Versuchung durch den Feind« sorgt für eine Aufeinanderfolge von Listigkeiten und Wehgeschrei. Mehrere Szenen illustrieren dies, die berühmteste ist das Wunder des Theophil, das sowohl an der Fassade als auch am Portal des nördlichen Querschiffs zu sehen ist. Die Geschichte ist also sehr bekannt: Im 9. Jh. wurde sie von Paulus Diaconus ins Lateinische übersetzt, der die Erzählung Kaiser Karl dem Kahlen widmete. Anschließend wurde sie im 11. Jh. von Fulbert de Chartres in seinen Predigten für das Volk verwendet. Etwas später, 1260, baute der Dichter Rutebeuf eines seiner Werke in Regionalsprache in Form eines Acht-Personen-Stücks mit dem Titel *Miracle de Théophile* (Wunder des Theophil) darauf auf. Die Szene spielt 537 auf Sizilien. Ein Mann namens Theophil ist der eifrigste Verwalter des Bischofs und wird nach dessen Tod vom Volk einstimmig zum Nachfolger gewählt. Theophil lehnt dies in seiner Bescheidenheit ab und begnügt sich mit seinem Posten als Verwalter, bereit, einem neuen Herrn zu dienen. Aber der neue Bischof behandelt ihn schlecht, setzt ihn gegen seinen Willen ab und treibt ihn in die Verzweiflung. Theophil hält das nicht aus. Auf den Rat eines jüdischen Magiers hin ruft er den Teufel, der sofort kommt und ihm einen Handel anbietet. Er wird seine Würde wiedererlangen, wenn er Christus und Maria verleugnet. Theophil nimmt an, verschreibt sich dem Teufel und unterzeichnet mit ihm einen Pakt der Abschwörung, den er mit seinem Ring besiegelt. Die Wirkung tritt sofort ein: Theophil erhält seinen Posten und seine Ehre zurück, aber ihm wird schnell klar, was er getan hat. Da klagt er bitterlich und ruft Maria zur Hilfe. Eines Nachts erscheint sie ihm. Zuerst macht sie ihm schwere Vorwürfe, dann befiehlt sie ihm, dem Teufel abzuschwören und zu erklären, dass Christus Gottes Sohn ist. Sofort wird Theophil Gnade zuteil, und als Zeichen der Vergebung erscheint Maria ihm ein

Bild links:
Die Versuchung Theophils ist ein wiederkehrendes Motiv in der Ikonographie von Notre-Dame. Hier sieht man sie auf dem Tympanon des Portals des nördlichen Querschiffs des Klosterportals. Eine Szene zeigt den Teufel, der in Anwesenheit des jüdischen Magiers die Huldigung Theophils entgegennimmt.

Bild rechts:
Höllenqualen, Buchmalerei von Jean Colombe, um 1460 für ein Stundenbuch, das Louis de Orleans gehörte. Die Angst vor der Qual des Feuers, dessen Flammen nie erlöschen, nährte allgemein die Angst vor dem Jenseits.

quod Comeditur
a tinea:
Memento
quia ventus

Bild rechts:
Der Teufel verbirgt sich in einem Bogenzwickel am Marienportal.

zweites Mal, um ihm den Vertrag zurückzugeben, den er mit dem Teufel geschlossen hatte. Er soll das Pergament als Zeichen der Befreiung vom Teufel auf der Brust tragen. Theophil drückt daraufhin seine Freude aus, während der Teufel tobend flieht! Wie hätten sich die Kanoniker, die ebenfalls Verwalter des Bischofs waren, in dieser Geschichte nicht wiedererkennen sollen, die ihrer Erbauung diente?

Ganz allgemein sind die Gläubigen daran gewöhnt, dass Maria ihre Stärke durch Wunder manifestiert. Das Wunder Theophils ist nur eines unter vielen, wie sie beispielsweise Gautier de Coinci in einer um 1230 zusammengestellten Sammlung erzählt, die bis zum Ende des Mittelalters großen Erfolg hatte. Maria wird dort als Mittlerin zwischen Gott und den Menschen dargestellt, aber auch zwischen dem Menschen und der Gesellschaft, die ihn bedrängt. Der Dichter prangert die mächtigen Laien an, die die Kirche ausrauben, die ausschweifenden Sitten der Prälaten, die inkompetenten Ärzte, die Rechtsgelehrten, die ihr Wissen dafür verwenden, ihre Kunden besser zu täuschen und zu bestehlen, die Kaufleute, die Wucherer, die als dumm und geizig geltenden Freibauern, aber auch die Juden. Das Volk, das neben Maria in den Skulpturen der Kathedrale dargestellt wird, kanalisiert seine Unzufriedenheit und gibt Hoffnung auf mehr Gerechtigkeit.

Gründerheilige

Neben Maria nehmen einige Heilige durch die Verbindung, die sie zur Kathedrale oder zur Geschichte von Paris haben, einen besonderen Platz ein. Insbesondere handelt es sich dabei um den hl. Stephanus, den hl. Dionysius, den hl. Marcellus sowie um die hl. Genoveva. Wie wir bereits gesehen haben, ist der hl. Stephanus der erste Schutzpatron der Kathedrale – seine Statue ziert das Marienportal. Außerdem werden die wichtigsten Episoden seines Lebens am Portal des südlichen Querschiffs erzählt. Der hl. Stephanus ist einer der sieben Diakone, die ihre Anweisungen von den Aposteln erhalten und die ihr Priesteramt in Judäa ausüben, wo ihm die Juden entgegentreten, anfangs in einer öffentlichen Debatte, in der sie ihn zu überzeugen versuchen. Aber der Heilige Geist schickt ihm Redegewandtheit. Anschließend verwenden die Juden falsche Zeugen, um ihn durch Gotteslästerung zu verwirren, aber ein Engel versetzt sie in Furcht und Schrecken. Schließlich folgt die Marter durch Steinigung, während Stephanus fortfährt, Christus anzurufen. Bevor er stirbt, ruft er: »Herr, vergib ihnen diese Sünde!«

Dionysius gilt als der erste Bischof von Paris und als der Erste, der dem Volk den christlichen Glauben gepredigt hat. Jacobus de Voragine beschreibt den Erfolg seiner Missionierung folgendermaßen: »Er erstrahlte in einer so himmlischen Gnade, dass jedes Mal, wenn die Priester und Idole das Volk gegen ihn aufstachelten und dieses bewaffnet herbeilief, um ihn zu beseitigen, die Menschen sich, kaum dass sie ihn gesehen hatten, ihm zu Füßen warfen und jegliche Wildheit verloren oder weit weg flüchteten, da sie von einem zu großen Schrecken ergriffen wurden. Aber der Teufel sah dies und wurde eifersüchtig, weil seine eigene Verehrung jeden Tag an Boden verlor und die Kirche durch die Anzahl ihrer Gläubigen, die sich vervielfachte, triumphierte.« Die Fortsetzung der Geschichte gab dem

Teufel recht. Dionysius wurde gefangen genommen, und die Marter begann. Vergebens, denn weder glühende Kohlen noch wilde Tiere taten ihm etwas zuleide. Schließlich gab der römische Präfekt den Befehl, ihn zu enthaupten, genauer gesagt: ihn und seine beiden Gefährten, um sich über die Dreieinigkeit lustig zu machen. Alsbald erhob sich der Leichnam von Dionysius und begab sich, geleitet von einem Engel und seinen Kopf tragend, nach Montmartre, wo er bestattet wurde. Trotz der genauen Darstellung durch Abaelard brachten die Menschen des Mittelalters bei Dionysius drei Personen durcheinander: den Bischof von Paris, der tatsächlich im 2. oder 3. Jh. gemartert worden sein soll; Dionysius Areopagita, der durch den hl. Paulus zum Christentum bekehrt worden und von Papst Clement zusammen mit zwei Gefährten, Rusticus und Eleutherius, nach Gallien geschickt worden sein soll, sowie Pseudo-Dionysius Areopagita, einen mystischen Theologen aus dem 5. Jh. und Autor eines bedeutenden schriftlichen Werkes, das in der Karolingerzeit aus dem Griechischen ins Lateinische übersetzt wurde, darunter *Die himmlische Hierarchie*. Diese Verschmelzung von drei Personen machte in Paris aus Dionysius den Vater des Christentums, der Theologie und der Kathedrale, der in seinen Schriften ihren Bau rechtfertigte, der benötigt wurde, um das himmlische Licht einzufangen. Daher ist es völlig legitim, dass Dionysius am Portal von Notre-Dame dargestellt ist, noch dazu, wo ein Teil seines Hauptes zu den besonderen Reliquien gehört, die dort aufbewahrt werden. Es war für den Bischof und die Kanoniker auch eine Art, ihre Macht gegenüber der Abtei Saint-Denis zu bekräftigen, die den Heiligen zur selben Zeit zu ihrem Schutzpatron gemacht hatte, als er der Schutzpatron der Kapetingerkönige wurde.

Der hl. Marcellus, der um 436 starb, ist der Bischof von Paris, der der Kathedrale am nächsten steht, da sein Leichnam hinter dem Hochaltar seine Ruhestätte hat. Wahrscheinlich wurden diese Reliquien bereits vor dem Bau der gotischen Kathedrale dorthin gebracht, etwa im 11.–12. Jh., möglicherweise nach einer Ergotismus-Epidemie, einer Mutterkornvergiftung durch das Schimmeln von Roggen, die Halluzinationen und schreckliche Schmerzen verursachte. Der hl. Marcellus ist zweimal dargestellt, einmal an der Fassade am Pfeiler des Annenportals und in der Wölbung der Kanonikertür. Die beiden Skulpturen stammen nicht genau aus derselben Zeit. Aber beide Darstellungen sind von derselben Lebensbeschreibung des Heiligen angeregt, nämlich der, die Fortunat im 6. Jh. auf Bitten des Nachfolgers von Marcellus auf dem Bischofsthron, dem hl. Germanus, verfasste. Marcellus, der aus bescheidenen Verhältnissen stammte, während die meisten Bischöfe im Hochmittelalter adliger Abstammung waren, schöpfte seine Berühmtheit aus einer Reihe sich steigernder Wunder, vom Brenneisen, das ihn nicht verbrannte, bis zum Seine-Wasser, das er in Wein verwandelte, in Anlehnung an das von Jesus vollbrachte Wunder bei der Hochzeit zu Kana. Darum wurde er nun Bischof und trat als Verteidiger seiner Jünger auf. Er befreite die Gefangenen, deren Ketten wie durch ein Wunder fielen, und erlöste die vom Teufel Besessenen. Schließlich folgte der Höhepunkt seiner Taten, der am Türpfeiler dargestellt ist, als er in einem dramatischen Kampf ganz alleine die Sumpfgebiete im Talausläufer der Bièvre am rechten Seine-Ufer von einem Ungeheuer befreite, das Schrecken verbreitete.

Bild links:
Der hl. Stephanus wird von einem römischen Zenturio zur Steinigung geführt (Südportal). Die Kathedrale bewahrte Steine seines Martyriums als Reliquien auf.

Der Faubourg Saint-Marcel bewahrt die Erinnerung an diese erste Stufe der Evangelisierung von Paris, und Spuren davon findet man in den Aufzeichnungen zur Amtseinführungszeremonie des Bischofs von Paris wieder. Zahlreiche Heilige, darunter Papst Silvester, einer der Heiligen am Marienportal, konnten also über ein Ungeheuer triumphieren, das der Schlange glich, die aus der Erde hervorgekrochen war, und dem Drachen, der dem Meer entstammte. Der Drache verkörperte zugleich den Teufel und das Böse. Die Lektion ist klar: Dem Heiligen ist es zu verdanken, dass das Christentum über das Heidentum gesiegt hat. Der Bischofsstab im Maul des Drachen, der tot zu seinen Füßen liegt, bestätigt dies. Der Bischof ist unmissverständlich siegreich, und der Klerus bekräftigt seine Macht. In der Legende lässt der hl. Marcellus den Drachen jedoch nicht sterben: Er zähmt ihn und befiehlt ihm, im Meer zu verschwinden – so ist es am Marienportal dargestellt. Die Bedrohung blieb also latent bestehen. Als Folge davon mussten die Prozessionen zur Abwehr der Gefahr vervielfacht werden. Genau das war das Ziel der Bittprozessionen: Die Pariser führten in der Nähe von Notre-Dame einen großen Drachen aus Weidengeflecht herum, in dessen Maul sie, um ihn zu besänftigen, Obst und Kekse warfen. Dieser Drache mit dem breiten Schwanz wirkte wie ein übernatürliches Wesen, nützlich und unheilvoll zugleich. Neben der rationalen Erklärung der Kleriker, die an der Fassade des Monuments zu sehen ist, blieb also ein mehrdeutiger Volksglaube bestehen, von dem sich auch der Lokalpatriotismus nährte.

Die Verehrung des hl. Marcellus ist untrennbar mit der der hl. Genoveva verbunden, deren Statue am Marienportal zwischen dem hl. Stephanus und dem hl. Silvester steht. Die erste Erwähnung der Heiligen taucht in ihrer Lebensbeschreibung auf, die im 6. Jh. verfasst wurde, also einige Zeit nach ihrem Tod. Ihr Todesdatum ist unklar, man geht jedoch vom Jahr 502 aus. Die hl. Genoveva verdankt ihre Beliebtheit dem Schutz, den sie während des Hunneneinfalls unter Attila sicherstellte. Im Unterschied zu der Beliebtheit des hl. Marcellus, die mit dem Mittelalter endete, überdauerte ihre Beliebtheit die Französische Revolution, denn einige schrieben ihrer Intervention sogar den Ausgang der Schlacht an der Marne zu. Die Reliquien der Heiligen wurden von der Pariser Abtei Sainte-Geneviève eifersüchtig gehütet. Diese befand sich am linken Seine-Ufer in der Nähe der Apostelkirche, an deren Stelle Ludwig XV. das Pantheon errichten ließ. Die Verehrung der Heiligen, die ursprünglich eng mit dem letzten Willen von Chlodwig und Clothilde verbunden war, wurde rasch zum Allgemeingut. Das lag größtenteils daran, dass sie sich immer als dem Teufel überlegen erwies und über große Macht als Heilerin verfügte. Ende des 12. Jhs., als Maurice de Sully und die Kanoniker von Notre-Dame die Kathedrale bauen ließen und als Stephan von Tournai, der Abt von Sainte-Geneviève, das Ansehen und die Rechte der Abtei wiederherstellte, sammelte ein Kanoniker von Sainte-Geneviève die verschiedenen Erwähnungen der Taten der Heiligen und verfasste ihr zu Ehren ein Gedicht in romanischer Sprache, damit es öffentlich gelesen und rezitiert würde. Darin zeigte er, wie die Bürger von Paris sie bereits zu ihrer Schutzheiligen gemacht hatten:

BILD RECHTS:
Der hl. Dionysius soll mit seinen Predigten in Paris Menschenmengen angezogen haben. In dieser Buchmalerei aus dem frühen 14. Jh. wird er zum Verteidiger des Guten gegenüber dem Bösen. Die gallorömischen Eliten, die er zu bekehren versucht, haben das Aussehen jüdischer Gelehrter, während die Kleriker hinter ihm ihn unterstützen.

Bild links:
Diese Buchmalerei des Zensors der Abtei Sainte-Geneviève zeigt, wie man sich im 13. Jh. das Eingreifen der Heiligen beim Bau der berühmten Abtei vorstellte. Der Abt, der die Kanoniker von Sainte-Geneviève leitet, bittet sie, durch ihre Gebete zu helfen, aber genau wie der Bischof und die Kanoniker von Notre-Dame de Paris ist er ein mächtiger Grundherr und verfügt über zahlreiche Einkünfte, um diese Aufgabe gut zu bewältigen.

Bild rechts:
Detail der *Krönung Mariens* von Pierre de Montreuil, Mitte des 13. Jhs. im Tympanon der Tür der Kanoniker. In dieser Szene, die am Ende des Mittelalters sehr populär war, wird Maria zum Symbol der Kirche, die von Christus gekrönt wird.

»Zur heiligen Genoveva kommen die Bürger,
denen die großen Geschäfte der Stadt gehören.
Sehr leise und ohne es herauszuschreien
sagen sie ihr, worunter sie leiden.
Heilige Dame, sagen die Bürger,
für diese Gegend sieht es schlecht aus,
uns fehlt es an Fleisch
und kein Schiff wird kommen.
Uns alle erwartet der Hungertod.
Der Hunger überwältigt uns und treibt uns in die Enge.
Mitleid und Sorge leiten sie,
so dass sie ihnen Essen verschaffen wird.«

Sag deinem Sohne, ihm gehört mein ganzes Leben,
Er möge alle meine Sünden mir vergeben,
Sei gnädig mir, wie er Ägyptiaca war
Und wie dem Theophil, dem schlimmen Priester gar,
Der (Dank sei dir) sein Leben in der Gnade endet,
Obwohl er, wie man sagt, dem Satan sich verpfändet.
Beschütze du mich, dass ich solches niemals tu,
Immaculata, die du einst getragen, du,
Den Leib des Herrn, der sich uns spendet unterm Brot:
Das glaub ich fürwahr in Leben und Tod.

François Villon,
Marienballade, um 1450
(Nachgedichtet von Torsten Schwanke)

Vorherige Seite:
Marienportal, fotografiert von Bisson zur Zeit der Restaurierung der Kathedrale. Ausschnitt aus dem *Projet de restauration de Notre-Dame de Paris* von Lassus und Viollet-le-Duc, 1843.

Bild rechts:
Jungfrau mit Kind aus dem 14. Jh. Die Statue soll aus Notre-Dame stammen und ziert derzeit den Mittelpfeiler des Chors. Ursprünglich gehörte sie in die Kapelle Saint-Aignan, eine der Kanonikerkapellen, deren Unterhalt dem Kapitel von Notre-Dame de Paris anvertraut war. Von der Kapelle sind auf der Île de la Cité noch einige Überreste erhalten.

Im 14. Jh. präsentierte ein anderer Kleriker, möglicherweise Thomas Benoist, Prior der Abtei, eine neue Version in Prosa über das Leben der hl. Genoveva, die er um ihre nach ihrem Tod vollbrachten Wunder ergänzt. Ein Jahrhundert später schließlich brachte ein anonymes französisches Mysterienspiel, das auch das »Spiel von Saint-Denis« enthielt, alle ihre Wundertaten auf die Bühne. Diese verschiedenen Versionen zeugen von ihrer Popularität während des gesamten Mittelalters.

Das wichtigste Wunder der Heiligen bestand darin, 1130 die Pariser von der Mutterkornvergiftung (Ergotismus) zu heilen. Darum hatte der Bischof von Paris persönlich gebeten, der gekommen war, um die Kanoniker »unter großem Stöhnen und Seufzen, wie einer, der unter den Schmerzen seines Volkes leidet, anzuflehen, sie sollten darum bitten, dass die Jungfrau Genoveva der sterbenden Stadt zu Hilfe komme«. Die Kirche Sainte-Geneviève-la-Petite, in der Nähe des Vorplatzes von Notre-Dame, soll zur Erinnerung an dieses Ereignis erbaut worden sein. Die Heilige hat die Pariser auch zweimal vor Überschwemmungen durch die Seine geschützt. Die Prozession mit ihrem Reliquienschrein war daher Ausdruck einer wirklichen bürgerlichen Religion. Man weiß, dass der Schrein von 1325–1409 achtmal bei einer Prozession getragen wurde, von 1417–1437 viermal und von 1456–1596 schließlich noch sechsmal.

1477 verfügte das Parlament von Paris, das Fest der Heiligen solle von nun an öffentlich feierlich begangen werden, und der Gerichtshof und die anderen Gerichte sollten diesen Tag wie einen Sonntag handhaben. Anlässlich dieser Prozessionen wandten sich die Kranken flehentlich an die »gebenedeite Jungfrau und liebe Frau, heilige Genoveva«. Diese Prozessionen waren der Anlass für ein kompliziertes Ritual, das die Kathedrale Notre-Dame eng mit der Abtei Sainte-Geneviève verband. Der Bischof von Paris und das Kapitel holten – versehen mit dem Reliquienschrein des hl. Marcellus – den der hl. Genoveva feierlich ab. Nach einer kleinen Zeremonie in der Basilika des Saints-Apôtres (Apostelkirche), setzte sich die Prozession, an der auch die Kanoniker der Abtei Sainte-Geneviève teilnahmen, nach Notre-Dame in Bewegung. Dort angekommen, wurden beide Schreine im Altarraum einander gegenüber aufgestellt, und der Bischof hielt eine große Votivmesse zu Ehren der Jungfrau ab. Reminiszenzen an die Verbindung dieser beiden Heiligen und der beiden Kirchen fand man bei der feierlichen Amtseinführung des Bischofs von Paris. Hinter dieser Verbindung verbarg sich aber auch eine tiefe Rivalität zwischen den beiden kirchlichen Einrichtungen, und es war das Ziel dieser Zeremonien, sie zu kaschieren.

Zweifellos hat sich die Form des religiösen Gefühls zwischen der Ausführung des ikonographischen Programms durch die Gründer von Notre-Dame im 12. Jh. und den Gläubigen, die bis zum Ende des Mittelalters aufeinanderfolgten, verändert. Die Hymne an Unsere liebe Frau bleibt dennoch eine der stärksten Errungenschaften dieser mittelalterlichen Zeiten. Im frühen 15. Jh. brachte die Mutter von Jeanne d'Arc, wie dies in den meisten Familien des Königreichs der Fall war, ihrer Tochter ihre Gebete bei, darunter das *Ave Maria* neben dem *Vater unser*. Und ein halbes Jahrhundert später trug der Pariser Kleriker Villon vor, was er, vielleicht im Schutz der Kathedrale, gesehen und gehört hatte, als er in seiner Marienballade die Gnade der Errettung erbat.

Die Kathedrale und der Klerus

In Paris ist der Titular der Diözese, trotz ihrer politischen und demographischen Bedeutung, nur ein Bischof und vom Erzbischof von Sens abhängig. Erst 1622 wird das Bistum Paris zum Erzbistum erhoben. Der Bischof von Paris ist dennoch eine sehr mächtige Persönlichkeit. In der Kathedrale Notre-Dame jedoch muss er einen Großteil seiner Macht an die einundfünfzig Kanoniker abgeben, die den Auftrag haben, die Messen zu singen und über das Gebäude zu wachen.

Der Bischof, ein Grand Seigneur

Der Bischofspalast erstreckt sich über zwei Geschosse, das Erdgeschoss ist der Justiz vorbehalten, das Obergeschoss den Versammlungen der Kleriker oder den weltlichen Tätigkeiten. Im Osten schließt sich ein Turm als Symbol für die Macht des Bischofs an, der dort sein Schlafzimmer und eine Kapelle hat. Der Palast ist mit dem Chor der Kathedrale durch eine Galerie verbunden, die einen großen Hof umschließt.

Die Macht des Bischofs zeigt sich bereits bei der Inthronisationszeremonie, bei der er in der prächtig geschmückten Kathedrale in sein Amt eingeführt wird: Der Chor ist mit Wandteppichen bespannt und die Glocken wurden repariert, damit auch alle läuten können. Das Ritual hat einen genauen Ablauf. Der neue Bischof darf die Stadt vor seiner »Joyeuse Entrée«, »dem freudigen Einzug«, nicht betreten. Falls dies doch der Fall ist, muss er privat kommen und darf die Île de la Cité nur auf dem Wasserweg erreichen. Die Zeremonie findet vorzugsweise an einem Sonntag statt, und es ist üblich, dass der neue Bischof die Nacht zuvor in der Abtei Saint-Victor außerhalb der von König Philipp II. August erbauten Mauern verbringt.

Anschließend beginnt er seinen Einzug mit einer Ehrung von zwei wichtigen Heiligen und Gründern der bischöflichen Andacht, dem hl. Marcellus und der hl. Genoveva. Hoch zu Ross, meist auf einem Schimmel, betritt er die Stadt durch die Porte Bordelle, auch Porte Saint-Marcel genannt, die sich südöstlich am linken Ufer der Seine in der von Philipp II. August erbauten Stadtmauer befindet, und begibt sich in die Abtei Sainte-Geneviève. Dort erhält der Bischof seine pontifikale Kleidung mit Chorhemd, Mitra und Bischofsstab und gelobt den Kanonikern von Sainte-Geneviève auf die Evangelien, ihre Privilegien zu achten, bevor er mit einem Te Deum geehrt wird. Anschließend wird er von seinen künftigen Vasallen als Zeichen ihrer Untertänigkeit zur Kathedrale getragen und folgt dabei dem Prozessionsweg, der die Abtei Sainte-Geneviève rituell mit Notre-Dame verbindet. Die Kleriker, der Magistrat der Stadt und das Volk begleiten den neuen Bischof zur Kirche Sainte-Geneviève-la-Petite, auch bekannt als Sainte-Geneviève-des-Ardents, in der Rue Neuve-Notre-Dame.

Vorherige Doppelseite: In der Wölbung des Marienportals ist ein Engel neben einem Patriarchen zu sehen. Er bringt Weihrauch als Zeichen der Bedeutung der Erwählten und als Hinweis auf die Pracht ihrer Liturgie.

Bild links: Diese Darstellung der Messe von Lendit in der Nähe von Paris, auf der die bischöflichen Insignien und insbesondere der Bischofsstab zu sehen sind, kann als Hinweis darauf gelesen werden, um welchen wirtschaftlichen Einsatz es für die Kleriker ging und wie dies die Rivalität schürte, insbesondere zwischen dem Abt von Saint-Denis und dem Bischof von Paris.

Bild rechts: Nordwand der Chorschranke, die Anfang des 14. Jhs. erbaut wurde, um die Kleriker des Chors von den einfachen Gläubigen zu trennen. Den unteren Bereich nehmen Blendarkaden ein. Die bemalten und restaurierten Basreliefs vermitteln einen Eindruck von den lebhaften Farben der verschiedenen Skulpturen der Kathedrale. Sie erzählen in Szenen das Leben Christi – die Heimsuchung Mariä, Christi Geburt und die Anbetung der Heiligen Drei Könige. Die Darstellung biblischer Geschichten dient der Erbauung der Gläubigen.

Die Kanoniker der Kathedrale kommen ihm entgegen, auch sie in einer Prozession, gekleidet in ihre seidenen Chorhemden. Dann erreicht der Bischof das Weltgerichtsportal der Kathedrale. Dieses bleibt geschlossen, bis der neue Bischof gelobt hat, die Privilegien der Kirche anzuerkennen. Sobald er diese Worte gesprochen hat, steigt er aus seiner Sänfte und läutet ein Glöckchen, um damit symbolisch zu zeigen, dass er seinen neuen Sitz nun in Besitz nimmt. Vom Dekan und dem Kantor des Kapitels von Notre-Dame begleitet schreitet er bis zum Hochaltar, hinter dem die Reliquien des hl. Marcellus ruhen, und wird vom Erzbischof von Sens feierlich eingesetzt, dem er als Bischof in der Hierarchie untergeordnet ist. »*Sta et tene locum a Deo tibi praeparatum*« (»Nimm und halte diesen Ort, den Gott für dich vorbereitet hat«), spricht der Erzbischof zu ihm. Der neue Bischof feiert anschließend ein Hochamt und segnet die Menge. Die Zeremonie geht im Bischofspalast mit einem prunkvollen Bankett zu Ende.

Das Ritual des Amtsantritts wird von Zusagen und Gaben begleitet. Der Bischof macht der Abtei Sainte-Geneviève und dem Kapitel von Notre-Dame kostbare Geschenke. Die Kanoniker erhalten ein goldenes Tuch, und jeder Bischof, der dies vergisst, läuft Gefahr, gerichtlich verklagt zu werden! Der neue Bischof kann den Gläubigen auch einen Ablass gewähren und auf seinem Weg Gefangene freilassen, wie dies beispielsweise beim Bischof von Orléans und dem Erzbischof von Rouen der Fall war. Die Wegstrecke der »Joyeuse Entrée« des Bischofs ist also gesäumt von genau definierten Zeremonien, die es dem Gewählten erlauben, in einen anderen Stand zu wechseln: Nachdem er die Hindernisse überwunden hat – in diesem Fall die Türen –,

Vorherige Doppelseite:
Die Apostel, die Jesus beim Abendmahl umgaben – hier auf der Nordseite der Chorschranke – gelten als die Vorfahren der Prälaten. Ihre Abbildung auf den Basreliefs der Chorschranke vermittelt den Gläubigen eine bildhafte Vorstellung vom Heiligen Messopfer und der Würde des Klerus.

Bild links:
Das gotische Chorgestühl verschwand im frühen 18. Jh. und wurde durch 114 Chorstühle aus Eiche ersetzt, von denen noch 52 hohe und 26 niedrige erhalten sind. Sie sind mit Szenen aus dem Marienleben und mit den Allegorien der Tugenden geschmückt. Die Macht der Kanoniker und Kleriker, die die zahlreichen Gottesdienste zelebrierten, ist an ihnen ablesbar.

Bild rechts:
Die Türen von Notre-Dame, mit ihren Originalbeschlägen versehen, werden von verschiedenen Motiven geschmückt. Hier, am Annenportal, findet sich Blattwerk im orientalischen Stil. Die Türen sind von starker religiöser und politischer Symbolkraft. Ein Verbrecher muss nur den Türring berühren, um vor seinen Angreifern – wer auch immer diese sein mögen – geschützt zu sein und Kirchenasyl zu genießen. In den letzten Jahrhunderten des Mittelalters wurden an den Türen auch Neuigkeiten durch Aushang bekannt gemacht.

wird er als der »Hirte seiner Schäflein« betrachtet (Johannes, X, 1–10), als derjenige, der sie eines Tages, nachdem er sie alle gerufen hat, aus der Einfriedung herauslassen und zum Vater führen wird. Um jedoch dieser gute Hirte zu werden, braucht er Mittelsleute, und diese finden sich in der Abtei Sainte-Geneviève und vor allem im Kapitel der Kathedrale Notre-Dame – mit dem Einfluss beider muss er stets rechnen.

Das Kapitel von Notre-Dame, eine starke Gemeinschaft

Die Kanoniker machen Notre-Dame insofern zu einer vorbildlichen Kathedrale, als sie vom Chor aus eine Liturgie der Messen sicherstellen, die für ihre Pracht berühmt ist. Wie in allen Kathedralkapiteln müssen die Kanoniker von Paris die Gebete nach dem Rhythmus der kanonischen Horen ausrichten, von der Frühmette bis zu den Kompleten, den Abendgebeten). Sie singen und psalmodieren, feiern das Hochamt und führen Prozessionen durch.

Die Anzahl der Kanoniker ist wichtig: Seit dem 13. bis 14. Jh. ist das Kapitel mit einundfünfzig Kanonikaten ausgestattet. Damit ist es jedoch nicht das bedeutendste des Königreichs, denn Laon übertrifft es Ende des 14. Jhs. mit zweiundachtzig Kanonikaten, Reims zählt zweiundsiebzig, Châlons-sur-Marne und Langres verfügen über vierundachtzig. Paris ist dennoch das renommierteste Kapitel. An seiner Spitze steht der Dekan, der von der Gemeinschaft der Kanoniker gewählt wird. Ihm zur Seite stehen sieben weitere Würdenträger, der Kantor, die drei Erzdiakone, der Subkantor, der Kanzler und der Beichtvater. Die Kanoniker werden grundsätzlich vom Bischof ausgewählt, ausgenommen davon sind zwei Kanoniker, die im Dienst der benachbarten Kapelle Saint-Aignan stehen. Diese werden auf Wunsch ihres Gründers, Étienne de Garlande, vom Kapitel ernannt. Der Papst und der König lassen es sich jedoch nicht nehmen, bei den Ernennungen ein Wörtchen mitzureden. Im Fall eines Konflikts kommt die Angelegenheit vor das Parlament von Paris. Dem Bischof gegenüber genießt das Kapitel von Notre-Dame sehr viel Unabhängigkeit, denn es hat erreicht, direkt dem Papst unterstellt zu sein. Es hat insbesondere das Recht, Urteile über eine Exkommunikation zu fällen, ohne dem Bischof darüber Bericht zu erstatten. So exkommunizierten die Kanoniker Mitte des 11. Jhs. den Ritter Hugues, der seine Verpflichtung ihnen gegenüber verletzt hatte. Der Ritter, dessen Herz »durch die Einwirkung des Teufels« verhärtet war, weigerte sich nachzugeben und starb exkommuniziert. Die Kanoniker verboten seine Bestattung in geweihter Erde, bis die Familie des Verstorbenen einwilligte, hohe finanzielle Reparationen zu zahlen.

Bild links:
Bronzekopf eines Apostels, den Viollet-le-Duc im Geist mittelalterlicher Köpfe nachgebildet hat. Er ziert eines der Lesepulte.

Bild rechts:
Ein Bischof macht sich bereit, die Messe zu zelebrieren, und nimmt die Hostie aus einer Monstranz. Diese Buchmalerei aus dem späten 15. Jh. ziert das *Livre de bonnes mœurs* (Buch der guten Manieren) von Jacques Legrand, der im Mittelalter sehr erfolgreich war. Der Autor zeigt darin, welche Pflichten die Prälaten haben und wie »keusch und tugendsam« sie leben sollten.

Saint iherosme en une sienne
epistre disoit que le prelatz ne
doibt point estre concubinaire
car son espouse cest leglise. Et pourtant
en droit canon il est deffendu que prelatz
ne tiennent femmes en leurs maisons
silz nestoint soubz aage et hors de suspectiō

Bild links:
Die südliche Chorschranke widmet sich thematisch den Erscheinungen Christi nach seiner Auferstehung bei Maria Magdalena, den drei Marias, Petrus, den Emmaus-Jüngern und den sprachlos wirkenden Aposteln.

Bild rechts:
Dieses 1436 von Jan van Eyck gemalte Bild zeigt den Kanoniker van der Paele, den der hl. Georg der Maria vorstellt. Die Szene spielt in der Kirche in Brügge, die dem links im Bild dargestellten Bischof, dem hl. Donatian, geweiht ist. Der bereits betagte Kanoniker, gekleidet in seinen weißen Chorrock aus Seide, stellt auf seinem Arm die Pelz-Almutie zur Schau, die er sich während der Gottesdienste zum Schutz gegen die Kälte auf die Knie legt. In den Händen hält er die Brille, die er benutzt, um die Stundenbücher und die Bibel zu lesen – ein Hinweis auf seine herausragende Kenntnis sakraler Texte.

Das Kapitel von Notre-Dame erlangt durch Erbe einen sehr großen Reichtum. Im Jahr 829 spricht Bischof Inchad auf einem in der Kirche Saint-Étienne abgehaltenen Konzil dem Kapitel mehrere Ländereien zu. Dank zahlreicher Schenkungen werden diese in Paris und außerhalb von Paris bald vergrößert, wodurch das weltliche Vermögen recht weit verstreut ist. So gibt Étienne de Garlande 1134 ein mit Weinstöcken bepflanztes Grundstück am linken Seine-Ufer, in der Nähe des Clos Bruneau, ab, das dem Bischof gehört, wodurch seine beiden Kanonikate gegründet werden. König Ludwig VI. vervollständigt die Schenkung, indem er auf die Gerichtsbarkeit verzichtet, die er für diese Länderei hatte. Das Hôtel-Dieu wird unter die Gerichtsbarkeit des Kapitels gestellt, das sich die Grundherrschaft darüber ursprünglich mit dem Bischof geteilt hatte. Nun übt das Kapitel diese alleine aus und wacht über dessen Unterhalt. Eine Satzung von 1168 schreibt vor, dass jeder Kanoniker bei seinem Tod dem Hospital ein Bett im Wert von 20 Sous hinterlassen muss mit Bettzeug, Matratze und Kopfkissen. Das Hôtel-Dieu verfügt jedoch vor allem über eigene Güter, die es ihm ermöglichen, sich um die Bedürfnisse der Patienten zu kümmern. Außerhalb von Paris besitzt das Kapitel an zahlreichen Orten herrschaftlichen Grundbesitz, darunter in Orly, Châtenay, Bagneux, Sucy, Créteil, Rosoy und weiteren Orten in der Grafschaft Vermandois. Die Kanoniker statten diesen mehrmals pro Jahr einen Besuch ab, tagen

Bild rechts:
Diese Skulptur von der Nordseite der Chorschranke illustriert den Reichtum des Bischofs und des Kapitels. Er gründete auf demographischem Aufschwung, reichen Getreideernten und dem Verkauf von Weinen der Île-de-France.

Folgende Seite:
Dieses Buntglasfenster der westlichen Fensterrose ist eine Illustration der Milde des Hirten in Gestalt des Propheten Ezechiel.

dort oder vertrauen die Leitung einem Bürgermeister an. Ende des 13. Jhs. wird das Kapitel mit schweren Revolten konfrontiert, insbesondere in Orly und Châtenay, während denen die Leibeigenen dieser Dörfer ihre Freilassung fordern. Die Kanoniker lassen die Rädelsführer festnehmen und in ihr Gefängnis nach Paris bringen, bevor sie, gegen eine beträchtliche Geldsumme, ihre Freilassung akzeptieren.

Das Kloster auf der Nordostseite der Kathedrale bildet das Zentrum der Besitzungen des Kapitels. Seit 911 profitiert es vom Privileg der Immunität, die Karl der Einfältige ihm übertragen hat, und selbst der Bischof wird dort nur auf Einladung empfangen. Während des Hundertjährigen Kriegs erhält der Bischof einen Schlüssel zur Tür, die zur Seine führt, unter dem Vorbehalt, diesen nur persönlich zu nutzen. Das von einer Mauer umschlossene Kloster beherbergt die Kirchen Saint-Denis-du-Pas und Saint-Aignan, das Baptisterium Saint-Jean-le-Rond, vor dessen Türen man nicht selten ausgesetzte Kinder findet, und es zählt Anfang des 14. Jhs. siebenunddreißig Kanonikerhäuser – die anderen liegen außerhalb der Klostermauern. Alle Kanoniker treffen sich jedoch im Kapitelsaal.

Die Prälaten haben vom Kloster durch die Rote Tür und die Klostertür direkten Zugang zur Kathedrale. Der umfriedete Bezirk ist über mehrere Türen, die nachts sorgfältig verschlossen werden, mit der Außenwelt verbunden. Die Vorschriften sind grundsätzlich streng: Die Anwesenheit von männlichen Laien wird unter bestimmten Umständen toleriert, die Anwesenheit von Frauen ist jedoch untersagt – diese müssen innerhalb von acht Tagen des Ortes verwiesen werden. Es ist verboten, dort eine Schenke zu betreiben oder ausgefallene Tiere zu halten, etwa Bären, Affen, Hirsche oder Raben. Das Tragen von Waffen ist dort ebenso verboten wie Beleidigungen. Dennoch ist es kein Hafen des Friedens, denn zahlreiche Störenfriede kommen, um dort ihre Streitereien auszutragen, denn hier ist das straffrei und geschützt vor Repressalien durch den Dompropst und die königlichen Sergeanten möglich, da es letzteren untersagt ist, das Gelände zu betreten. Der Bischof und das Kapitel in ihrer Funktion als Rechtsprecher sind ebenfalls nicht darauf erpicht, in ihrem eingefriedeten Bereich auf Gewalt zurückzugreifen, denn sie haben lange die Praxis des gerichtlichen Zweikampfs unterstützt. Ende des 12. Jhs. erzählt Petrus Cantor, wie der Bischof und die Kirche von Paris ihre Bauern im Hof des Bischofspalais oder im Kloster des Kapitels gegeneinander kämpfen ließen, um den Schuldigen eines Vergehens herauszufinden, und wie Papst Eugen III. ihnen gestattete, dieses »Verfahren« beizubehalten. Wie es scheint, wurde der gerichtliche Zweikampf auch nach seinem Verbot 1260 durch König Ludwig den Heiligen noch beibehalten. Es heißt jedoch, dass die ersten Schläge zwischen den Kämpen bzw. Championen, die auch als »coups-le-roi« bezeichnet wurden, allein dazu bestimmt waren, zu einer Verständigung zwischen den Parteien zu führen. Dies hieß in der Regel, dass das Kapitel zur Schlichtung ein hohes Bußgeld erhob!

Die Kanoniker waren nicht die ungebildeten Personen, als die sie lange beschrieben wurden. Diese Feststellung gilt für alle Kanoniker des Königreichs Frankreich, die zwischen dem 13. und 15. Jh. verzeichnet sind. Dies bestätigt sich auch in

Sonntags und an Feiertagen strömt das Volk, das euch anvertraut ist, in die Kirche, es nimmt die Form eines Kollegiums an, schmückt sich mit erlesener und farbenfroher Kleidung, und wenn euer Blick auf dem Glanz dieser Männer und Frauen ruht, werdet ihr voller Stolz darüber sein, dass sie eure Untergebenen sind und ihr deren Prälat seid.

Predigt von Maurice de Sully, um 1200

Notre-Dame de Paris, wo mehr als die Hälfte von ihnen die sieben freien Künste, aber auch das Rechtswesen studiert hatte. Die Theologen sind in der Minderheit, weniger als sechzehn Prozent, aber alle Kanzler von Notre-Dame, die auch Kanzler der Universität sind, sind Doktor der Theologie.

Um Kanoniker in Notre-Dame oder einem anderen Kapitel des Königreichs werden zu können, muss man grundsätzlich ehelich geboren und ein freier Mann sein und zum Zeitpunkt der Ernennung die höheren Weihen erhalten haben, also Subdiakon, Diakon oder Priester sein. So soll vermieden werden, dass einem Kanoniker kein Platz im Chorgestühl zur Verfügung steht und er im Kapitel nicht wählen kann. In der Realität gab es aber im Kapitel von Notre-Dame immer Kanoniker, die nur die niederen Weihen hatten, Akolythen, Lektoren, Portiers, Exorzisten oder einfache Geistliche, die nur die Tonsur trugen. 1363 zählte man vierunddreißig Kanoniker mit den höheren Weihen, 1370 waren es zweiunddreißig. Die anderen profitierten von einem päpstlichen Dispens.

Dies galt auch für Étienne Aubert, der 1328 zum Kanoniker von Notre-Dame ernannt wurde. Er wurde von Papst Johannes XXII. von der Priesterweihe freigestellt und schließlich unter dem Namen Innozenz VI. im Jahr 1352 selbst zum Papst gewählt. Dies galt auch für Pierre Roger de Beaufort, der 1340 mit zwölf Jahren Kanoniker von Notre-Dame wurde. 1370 wurde er als Gregor XI. zum Papst gewählt, und erst zur selben Zeit erhielt er die Priesterweihe. Zahlreiche Kanoniker häuften kanonische Pfründe an (ungefähr sechzig Prozent von ihnen) und konnten auch Pfarrer in Paris oder andernorts sein. Diese Ämterhäufung führte nicht zwangsläufig zu häufiger Abwesenheit oder Nachlässigkeit in der Erfüllung der Aufgaben, wie man dies an dem Theologen Jean Gerson sieht, der Anfang des 15. Jhs. sowohl Kanzler von Notre-Dame als auch Pfarrer von Saint-Jean-en-Grève war und sich als Prediger und aktiver Reformator erwies. Die Kanoniker blieben durchschnittlich zehn Jahre im Dienst von Notre-Dame, bevor sie ihre kirchliche Laufbahn weiterverfolgten. Mehr als zwanzig Prozent von ihnen schafften es ins Bischofsamt und vier Prozent ins Amt des Erzbischofs. Dies zeigt, welch hohes Ansehen die Kanoniker von Notre-Dame de Paris unter den Prälaten genossen. Die anderen blieben in Notre-Dame und beendeten ihre Laufbahn mit sechzig Jahren.

Die Kanoniker bildeten also die Elite des Pariser Klerus und verteidigten mit Nachdruck ihre Ehre, die der Kathedrale und die der Diözese von Paris. Davon zeugte auch ihre Kleidung, die frei war von jeglichem Schnickschnack: kein Eichhörnchenpelz und keine Silberverzierungen, keine kurze Kutte für draußen. Keine Mozetta über dem seidenen Chorhemd, während die Messe in Notre-Dame gelesen wurde. Beim Rezitieren der kanonischen Horen im Chorgestühl der Kathedrale und beim Feiern der Messe trugen die Kanoniker einfach nur Chorhemd und Almutie.

Bild rechts:
Das Innere der Sakristei im neugotischen Stil, wie sie ab 1850 von Viollet-le-Duc wiederaufgebaut wurde.

Folgende Doppelseite:
Durch die gemalte Dekoration und das Chorgestühl, das den Kanonikern im Kapitelsaal vorbehalten war, bewahrt die Sakristei den Geist des Mittelalters perfekt. An der Wand ist eine Sammlung von 258 Kameen mit den Porträts der Päpste seit dem hl. Petrus zu sehen. Andere Räume bewahren den Kirchenschatz, so wie er nach der Revolution zusammengestellt wurde.

BILD RECHTS:
In einem Bogenzwickel des Marienportals verbirgt sich einer der Handwerker, die die mittelalterliche Kathedrale erbaut und dann instand gehalten haben.

Die Instandhaltung der Kathedrale

Zahlreiche Kleriker waren mit der Kathedrale verbunden. Die großen benachbarten Klöster und einige Kirchen entsandten einen ständigen Vertreter dorthin, insgesamt waren dies sechs Geistliche, die als ständige Vikare dort tätig waren. Einhundert bis zweihundert Kaplane hatten den Auftrag, den Dienst in den zweiunddreißig Kapellen zu gewährleisten, die zwischen 1235 und 1330 rund um den Chor und die Seitenschiffe gebaut wurden, um die Bedürfnisse der Gläubigen zu erfüllen. Sie hatten die Aufgabe, Gottesdienste abzuhalten, Messen zu lesen oder Gebete zu machen, die von den Familien für den Seelenfrieden ihrer Verstorbenen gestiftet wurden. Weitere Geistliche unterstützten sie bei dieser Aufgabe.

Ein umfangreiches untergeordnetes Personal war mit der Instandhaltung und Ordnung in der Kirche betraut. Der Chèvecier, der oberste Domherr, der dem Bischof unterstellt war, kümmerte sich um das Chorhaupt der Kirche, wachte über den Kirchenschatz, die Reliquien und die Opfergaben der Gläubigen. Er pflegte den liturgischen Schmuck, kümmerte sich um die Altarwäsche und bereitete die Gegenstände und Bücher für die jeweilige Zeremonie vor. Zudem überwachte er die Arbeiten, über die das Kapitel entschieden hatte, und rechtfertigte den Einsatz der Summen, die ihm für die Instandhaltung des Dachs, des Mobiliars und der Glocken anvertraut waren. Bei dieser Aufgabe wurde er von Kirchendienern unterstützt. Das Küsteramt von Notre-Dame wurde Anfang des 13. Jhs. eingerichtet: Es bestand damals aus vier geistlichen Küstern und vier Laienküstern, aber schon bald sprach man nur noch von Laienküstern, die zugleich dem Bischof und dem Kapitel unterstanden. Sie sorgten für die Sauberkeit in der Kirche, und ihre Aufgabe war es insbesondere, sich um die Beleuchtung zu kümmern, die Behänge und Vorhänge anzubringen, die Glocken zu läuten und Beisetzungen zu organisieren.

Schließlich sorgten elf Sergeanten für die Sicherheit in der Kathedrale. Sie schlossen und öffneten die Türen der Kirche und des Klosters, wohnten bestimmten Gottesdiensten bei und regelten die Prozessionen. Sie waren die einzigen Personen an diesem Ort, die Waffen tragen durften, und gelegentlich mussten sie diese auch nutzen, um die Ordnung aufrechtzuerhalten. Mit Leim ausgerüstete Diebe waren geschickt darin, die Opferstöcke im Kirchenschiff zu leeren, und auch der Vorplatz der Kirche war ein von Langfingern bevorzugter Ort.

Eine anonyme Schrift forderte zudem denjenigen zur Vorsicht auf, der sich während einer Besichtigung der Kathedrale naiv von jemandem führen ließ. Er könnte als gaffender Tourist auf einen Bösewicht hereinfallen, der ihn ablenkt, indem er ihm die Könige an der Fassade zeigt – »Das ist Pippin, hier ist Karl der Große!« –, und ihm inzwischen von hinten die Geldbörse aus der Tasche zieht! Es hieß also auf der Hut zu sein, noch dazu, weil es auch in der Umgebung recht turbulent zuging. Das galt insbesondere für die Bereiche am Hafen Landry und rund um die Rue Glatigny, wo es zahlreiche Prostituierte gab, obgleich Prostitution theoretisch auf Anordnung des Königs überwacht wurde. An der Spitze der Insel schließlich diente die »Motte aux Papelards«, die aus Überresten der alten Kathedrale und Anhäufungen von Unrat gebildet wurde, Gaunern als Treffpunkt.

Konflikte zwischen den Prälaten von Notre-Dame

Die Machtausübung an ein und demselben Ort und der damit verbundene Wettstreit führen zu zahlreichen Konflikten zwischen dem Bischof und den Kanonikern. Jeder für sich führt in seinem Bereich jedoch sorgfältig Buch. Die Einkünfte aus den Gütern des Kapitels, die für den allgemeinen Betrieb der Kathedrale bestimmt sind, werden auf acht Konten aufgeteilt, denen ebenso viele Ausgabentypen zugeordnet sind, die unter die Verantwortung eines oder mehrerer Kanoniker gestellt sind. Dies gilt für das Konto für Wein, das Konto für Brot, das Konto für die Stundengebete, für die Frühmessen und Jahresfeiern, wo sogar Sitzungsgelder aufgeführt werden. Am besten ausgestattet ist das Konto der Klosterkammer, das von zwei Kanonikern verwaltet wird, die jeweils ein Jahr lang als Kammerherrn Dienst tun. Zu den Aufgaben gehört die Verteilung von Lebensmitteln und Unterkünften an die Kleriker und das Hauspersonal, die an den Gottesdiensten teilnehmen. Rind-, Schweine- oder Schaffleisch, Geflügel und Kuchen werden sorgfältig aufgeteilt, später dann nach und nach durch eine Geldsumme ersetzt. Die Kammer kümmert sich auch um die Instandhaltung der Kathedrale und der Kapitelgebäude des Klosters. Nachdem die lange Zeit des Kirchenbaus mit der Inbetriebnahme der an das Schiff und den Chor grenzenden Kapellen abgeschlossen war, bestand die Aufgabe nun darin, das Gebäude instandzuhalten, und das ist nicht gerade leicht. Während nämlich kleine Arbeiten, wie der Kauf von Schlüsseln, Teppichen, Zierrat, das Bemalen der Statuen oder die Reparatur der Lesepulte, kein Problem sind, sieht dies bei größeren Projekten, wie beim Pflastern des Kirchenschiffs und der Klostergänge, der Reparatur des Glockenturms und der Glocken, der Beschaffung von Blei für das Abdichten des Dachs, anders aus. Diese großen Reparaturen werden meist einem spezialisierten Architekten anvertraut, so zum Beispiel Raymond du Temple, der ab 1360 während nahezu vierzig Jahren die Häuser der Kanoniker und das Kloster betreut und gleichzeitig als Architekt für den König tätig ist.

Das Kapitel ernennt jedes Jahr zwei Kanoniker zu »Direktoren der Kirchenverwaltung«, die das Gemeinschaftsvermögen verwalten, das als »Œuvre Notre-Dame« bezeichnet wird. Die Vorrechte des Kapitels konkurrieren hierbei jedoch mit denen des Bischofs. Die Konflikte betreffen vor allem die Beleuchtung, die in die Zuständigkeit des obersten Domherrn, des Chèvecier, fällt und für die verschiedenste Leuchtmittel verwendet werden, wie Öllampen, Talgkerzen, einfachen Kerzen, Wachskerzen für kirchliche und weltliche Zwecke, Fackeln oder Kerzenbündel. Eine im 12. Jh. herausgegebene Vorschrift zeigt, welche Bedeutung der Beleuchtung beigemessen wird: Eine Wachskerze soll ständig auf dem Altar der Heiligen Dreieinigkeit brennen und zwei Wachskerzen auf dem Marienaltar. Vier Wachskerzen werden dort angezündet, wo ein Gottesdienst gefeiert wird, eine weitere im Chor, und die liturgischen Bücher sollen durch einfache Kerzen Licht erhalten. Anlässlich großer Feierlichkeiten und Feste kann die Anzahl der Wachskerzen verdreifacht oder vervierfacht werden, und der Offiziant, die Küster, aber auch die Würdenträger und Kanoniker erhalten nach einem sorgfältig festgelegten Ritual eine gewisse Anzahl Wachskerzen. Über die Anzahl, das Gewicht und die Qualität der

Bild links:
Gläubige entzünden Kerzen in einem der Seitenschiffe der Kathedrale. Das Kruzifix ist eine Gabe von Napoleon III.

Bild rechts:
Wie diese Richter am Stephanusportal sind auch die Prälaten von Notre-Dame stolz auf ihre Würde und üben ihre Macht mit Autorität aus.

Folgende Doppelseite:
Die Kleriker organisieren das religiöse Leben, wie die Szene der Heirat Mariens am Annenportal zeigt. Das Sakrament wird in der Kirche im Beisein der Gläubigen empfangen, und die Zeremonie soll ihnen als gutes Beispiel dienen.

Wachskerzen wird wiederholt gestritten. Der Vorschrift entsprechend müssen die Wachskerzen für den Altar ein Pfund wiegen und aus Wachs von angemessener Qualität gefertigt sein, aber das Kapitel beschwert sich und behauptet, sie seien aus »schlechtem und spottbilligem Wachs«. Umgekehrt fordert der Bischof von den Kanonikern, sich an den Beleuchtungsmitteln zu beteiligen… Schließlich nehmen die Kleriker die Wachsreste an sich, wenn die Kerzen ausgetauscht werden müssen, denn der Gewinn ist nicht unbedeutend: Einige Wachskerzen erreichen eine Höhe von 2,50 Meter und wiegen bis zu 100 Kilo. Wenn sie weniger als einen Fuß, also dreißig Zentimeter, hoch sind, müssen sie ausgetauscht werden, deshalb bleiben ansehnliche Reste übrig. Ein sehr lebhafter Wettbewerb entsteht auch in Zusammenhang mit Beisetzungen, die in Notre-Dame stattfinden, denn sie sind Anlass für prachtvolle Zeremonien. 1379, bei der Bestattung eines Kanonikers der Kathedrale, sind 338 Pfund Wachs vorgesehen, wobei nur ein kleiner Teil davon, etwa ein Siebtel, auch wirklich abbrennt, und um den Rest wird dann ordentlich gestritten!

Der Vorplatz der Kathedrale ist Gegenstand eines heftigen Wettstreits. Besonders lebhaft ist dieser während der Amtszeit von Bischof Étienne Tempier (1268–1279), der die Autonomiebestrebungen des Kapitels schlecht erträgt. Die Angelegenheit wird vor den Heiligen Stuhl gebracht. Das Kapitel bekommt Recht und erhält die zivile und strafrechtliche Gerichtshoheit über den Vorplatz, ausgenommen ist die Rechtsprechung bezüglich der Kerzen, die dem Bischof übertragen wird. Aber das Kapitel erreicht es, weiterhin über den Diebstahl von Kerzen informiert zu werden, wenn dieser von einem seiner Gefolgsleute begangen wurde… Dabei geht es um mehr, als es scheint: der Kerzenhandel auf dem Vorplatz ist sehr aktiv, da der Wachsverkauf im Inneren der Kirche verboten ist. Das Kapitel von Notre-Dame verteidigt daher seine Rechte gegenüber den Ansprüchen des Bischofs und der Küster mit allem Nachdruck und geht sehr häufig siegreich daraus hervor. Ab der zweiten Hälfte des 13. Jhs. regelt das Kapitel den Dienst der Küster, die ihm die Treue schwören. Es hat die Kontrolle über die Aufteilung der Hinterlassenschaften Verstorbener, wobei den Küstern lediglich das »ausstaffierte Bett« überlassen wird, auf dem der Verstorbene in die Kathedrale getragen wurde, während die Kirchenverwaltung den gesamten Schmuck erhält. 1283 teilt eine Abmachung mit dem Bischof die Gerichtshoheiten, die Votivgaben und die Beschaffung der Beleuchtungsmittel auf. Diese außerordentlich exakten Bestimmungen können jedoch den Konflikt nicht beenden, der anlässlich des Trauergottesdienstes zu Ehren von Papst Johannes XXII., der am 4. Dezember 1334 in Avignon verstorben war, ausbricht. Bischof Guillaume de Chanac, auf die Durchsetzung seiner Rechte bedacht, lässt von seinen Leuten das Seidentuch mitnehmen, das bei der Zeremonie verwendet worden war, sowie einhundertvierundzwanzig Wachsfackeln von jeweils zehn Pfund. Eine gütliche Einigung scheitert. Die Kanoniker bringen die Angelegenheit vor das Parlament, das zu ihren Gunsten entscheidet. Der Bischof weigert sich jedoch, sich zu fügen und die Fackeln und das Seidentuch zurückzugeben. Daraufhin droht das Parlament dem Bischof mit einer hohen Geldstrafe.

Bild links:
Ein Narr, ausgestattet mit einer Schale und einer Art Knüppel, schmückt den Buchstaben D eines Breviers aus dem 14. Jh. Diese Attribute sind eine Parodie der Insignien der königlichen wie bischöflichen Macht.

Bild rechts:
Ein von Melancholie ergriffener Mann droht im Wahnsinn zu versinken.

Diese Intervention der königlichen Justiz birgt das Risiko in sich, einen Präzedenzfall zu schaffen, und beide Parteien entscheiden sich schließlich dafür, den Schiedsspruch eines Richters zu akzeptieren. Am 5. November 1335 erkennt der Bischof an, dass »die Personen des Chors von Notre-Dame und alle ihre Leute« nicht seiner Gerichtshoheit unterliegen, er tadelt seine Anwälte und Ankläger, die das Gegenteil gesagt hatten, behält jedoch seine Rechte am Chorhaupt.

Der Kinderbischof und das Fest der Narren

Sehr viele junge Kleriker unterliegen der Macht der Prälaten. Ebenso wie in zahlreichen anderen Kathedralen im Abendland ist es jedes Jahr Tradition in Notre-Dame, dass diese jungen Kleriker die Rollen dieses Machtgefüges umkehren. Sie ernennen unter den Choristen einen Festtagsprälaten, der in der Zeit zwischen dem Tag der unschuldigen Kinder, dem 28. Dezember, und dem Fest der Beschneidung am 6. Januar neben dem Bischof sitzt. Der erste Nachweis für dieses Fest in Notre-Dame stammt aus dem Jahr 1198, als Bischof Eudes de Sully auf Antrag von Kardinal Pierre de Capoue den Gottesdienst vom 1. Januar umgestalten muss. Der Text verurteilt die Exzesse eines als profan erachteten Festes und die Parodie der Liturgie, die die Prozession möglicherweise außerhalb der Kathedrale in eine Kavalkade verwandeln würde: »Wir untersagen rhythmische Gedichte, Theateraufführungen… der Zeremonienmeister soll nicht mit Gesängen und in einer Prozession in die Kirche oder aus der Kirche geführt werden.« Aber der Bischof akzeptiert tatsächlich die Anwesenheit dieses jungen Prälaten an seiner Seite, vorausgesetzt, er wird von Kanonikern eingerahmt: »Im Chor wird er sein Chorhemd anziehen, dabei helfen ihm zwei Kanoniker, die Subdiakone sind, und mit dem Vorsängerstab in der Hand stimmt er in Prosa *Laetamur gaudiis* an, noch bevor die Vesper beginnt. Der Bischof, falls anwesend, oder bei seiner Abwesenheit der Dekan, oder bei Abwesenheit von beiden der Kaplan des Bischofs, beginnt mit der Vesper, die ordentlich und feierlich zu zelebrieren ist.«
Wer ist dieser Zeremonienmeister, der von der Obrigkeit zugleich angeprangert und anerkannt wird? Ein Kinderbischof, benannt nach den Kindermärtyrern, über die das Matthäus-Evangelium mit dem Massaker durch Herodes erzählt? Ein Narrenbischof, der in einigen Kathedralen gerne mit dem Kinderbischof verwechselt wird? Der Text lässt vermuten, dass es sich in Notre-Dame eher um einen jungen Menschen handelt, der für einen gewissen Zeitraum den Platz des Kantors einnimmt, der folglich die Chöre dirigiert und der Mitglieder dafür unter den Choristen anwirbt. Sein Titel ist unwichtig: Jetzt ist die Stunde der Umkehrung gekommen, und man kann vermuten, der junge Prälat könne versucht sein, Predigtparodien zu halten, während die Gottesdienste Anlass

für Possenspiele geben. Aus anderen Aussagen weiß man, dass die Kleriker auf dem Altar essen, tanzen und im Weihrauchgefäß alte Pantoffeln verbrennen, damit sich ein ekelerregender Geruch verbreitet! Die Chorkinder nehmen im hohen Chorgestühl Platz … Die hierarchische und die altersmäßige Ordnung werden umgekehrt. Das Ritual ist jedoch nicht verboten: Es erfolgt mit Zustimmung des Bischofs und des Kapitels, vorausgesetzt, es erfolgt im Rahmen ihrer Anwesenheit. Erst die Maßnahmen, die 1445 von der theologischen Fakultät von Paris ergriffen wurden, führten dazu, dass dieses Fest unterbunden wurde, das im 16. Jh. dann völlig verschwand.

Die Wurzeln des damaligen Theaters finden sich in diesem Ritual. Die Schauspieler wählten die Kathedrale als Bühne und machten die Prälaten zu Darstellern einer Satire. Dies geschah zumindest nach dem Bau von Notre-Dame im 12. Jh. und vielleicht auch schon früher. Die Liturgie, der ganze Stolz der Kathedrale, war die Grundlage des Theaterspiels und wurde extrem ins Lächerliche gezogen. Dasselbe galt für die kirchliche Hierarchie, die lautstark angezweifelt und sogar völlig auf den Kopf gestellt wurde, um anschließend allgemein akzeptiert zu werden. Dieser Prälat des Festes garantierte auf seine Weise die bestehende Ordnung in Notre-Dame und bestätigte den Platz und die Pflichten jeder Altersgruppe in der christlichen Gesellschaft.

Trotz der Rivalitäten war sich der Klerus der Kathedrale seines Rangs und seiner Bedeutung sehr bewusst und zeigte dies auch deutlich nach außen. Diejenigen, die Bischof oder Kanoniker von Notre-Dame de Paris waren, legten Wert darauf, dass dies in ihren Testamenten erwähnt wurde, und auch im Totenregister der Kathedrale wurde dies vermerkt. Jeder Kanoniker trug in seinem Siegel neben seinem Namen den Zusatz *»can. par.«*, für *»chanoine de Paris«*, also »Kanoniker von Paris«. Ihren Stolz zeigten diese Prälaten in der Stadt anlässlich von Prozessionen, Umzügen, Bestattungen von Königen oder Fürsten. Das Kapitel legte Wert darauf, an der Spitze zu gehen, auf der rechten Seite hinter seinem Dekan, während die Vertretung der Universität von Paris im Anschluss auf der linken Seite hinter ihrem Kanzler folgte. Die anderen Körperschaften, das Parlament von Paris, die Rechnungskammer und die übrigen Mitglieder des Pariser Klerus, folgten danach. Jede Störung dieser Rangordnung erzeugte Konflikte, und der Dompropst von Paris, Hugues Aubriot, hätte dies beinahe mit dem Leben bezahlt, als er bei den Beisetzungsfeierlichkeiten für König Karl V. am 24. Dezember 1380 den Streit zu schlichten versuchte, der zwischen den Kanonikern und der Universität von Paris darüber entstanden war, wer zuerst in dem Zug defilieren und »dem Leichnam des Königs am nächsten« sein dürfe.

Bild links:
Dieser Kleriker am Annenportal trägt die typische Kleidung eines Mönchs: eine Kutte und einen weiten Mantel mit Kapuze.

Die Kathedrale und die Gläubigen

Die Kathedrale dient der Erbauung der Gläubigen. Aber lassen wir uns nicht täuschen: Sie ist in erster Linie dafür bestimmt, die Ehre Gottes zu verherrlichen und natürlich auch die Kirche und den Klerus dabei in das richtige Licht zu rücken. Den Theologen zufolge können Laien das Wort Gottes nicht voll und ganz erfassen. Zwischen dem 13. und 15. Jh. strömen sie dennoch zuhauf in die Kirche. Die Kleriker müssen sich abgrenzen, um den Unterschied zu ihnen deutlich zu machen, daher baut man den Lettner und die Chorschranke, die um 1370 fertiggestellt wird. Hingegen werden die Kapellen in den Seitenschiffen größer, dort können sich die Gläubigen zum Gebet versammeln. Die Kathedrale trägt also dazu bei, das religiöse Empfinden der Pariser zu vertiefen.

Eine Kathedrale für die Unterweisung der Kleriker

Neben den Prälaten, die die Kathedrale verwalten, frequentieren viele Kleriker Notre-Dame. In dem Maß, in dem die Stadt sich ausbreitet und ihre Bevölkerung wächst, nimmt auch die Anzahl der Pfarreien zu. Anfang des 14. Jhs. stabilisiert sich ihre Zahl mit 35 Pfarrkirchen, als die Bevölkerung der Stadt mit zweihunderttausend Einwohnern ihren vorläufigen Zenit erreicht und sie damit die größte Stadt im Abendland ist. Um diese vielen Gläubigen zu betreuen, zählt Paris sehr viele Kleriker, sowohl Angehörige des Weltklerus als auch des Regularklerus. Es sind insgesamt wenigstens 15 Prozent der Gesamtbevölkerung der Stadt. Die Kathedrale muss jedoch vor allem über die jungen Kleriker wachen, die noch ganz frisch die Tonsur tragen und in Paris studieren. Gegen 1300 beläuft sich ihre Zahl auf etwa 10 000. Ihre Würde wird ihnen vom Kanzler verliehen, also vom Kapitel von Notre-Dame, welches das alleinige Recht hat, die Lizenz zum Unterrichten zu erteilen, die *licencia docendi*.

Die Studenten der Pariser Schulen und ihre Lehrer genießen große Autonomie. Seit dem frühen 13. Jh. sind sie in einer Gilde zusammengefasst, die sie unter der Bezeichnung *Université de Paris* (Universität von Paris) vereint. Deren Statuten werden 1215 von Robert de Courson anerkannt, einem ehemaligen Kanoniker der Kathedrale, der inzwischen Gesandter des Papstes ist. 1231 verleiht Papst Gregor IX. der Universität gewisse Privilegien, und zwar in derselben Zeit, als er sie durch den Erlass *Parens Scientiarum* zur »Mutter der Wissenschaften« erklärt und von nun an reglementiert, welche Bücher in Paris studiert werden dürfen. Zu einer Zeit, in der sich von Rom abweichende Lehrmeinungen entwickeln, darunter insbesondere die katharische Häresie, ist der Papst sehr darauf bedacht, dass Paris das Vorbild einer strengen theologischen Lehre zeigt. Die Auseinandersetzung mit der antiken Philosophie, insbesondere in Form der Schriften von Aristoteles, wird nicht verboten, aber kontrolliert.

Die Universität wird in vier Fakultäten aufgeteilt, von denen jede von einem Rektor geleitet wird: die Fakultät der Sieben freien Künste (Geisteswissenschaften), in der die Studenten im Alter zwischen 13 und 20 Jahren zu studieren beginnen, die Theologische

Vorherige Seite:
Fassade der Kathedrale mit Blick auf die beiden Türme, die mit ihrer Höhe von 69 m die Stadt beherrschen.

Bild links:
Am Weltgerichtsportal schwingt sich an einer der Bogenrundungen ein Erwählter nackt auf seinem ungestümen Pferd gen Himmel, während ein Verdammter in die Hölle hinabgestürzt wird. Dieser trägt eine Krone und reiche Kleidung, Kennzeichen seines verlorenen Erdenlebens. Zu Füßen der beiden sind die Mauern Jerusalems angedeutet, wo sich das Weltgericht erfüllen wird.

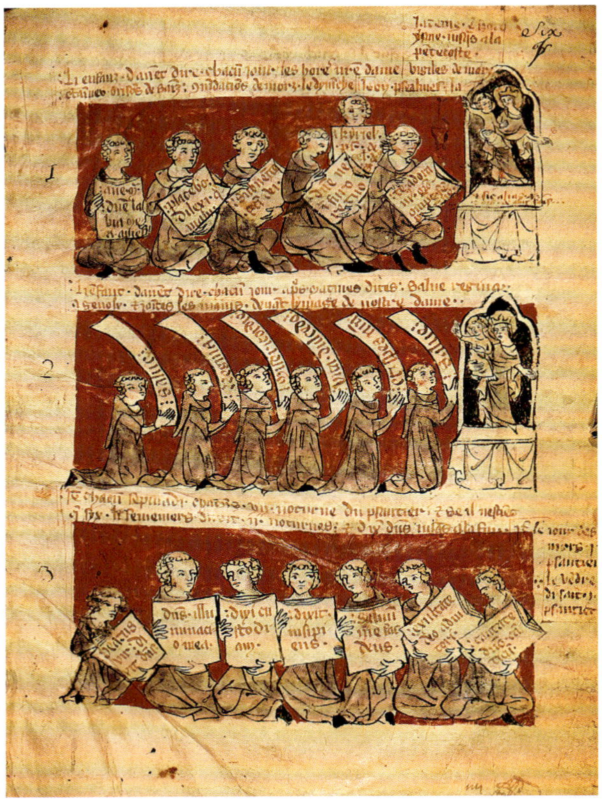

Fakultät, die von allen das höchste Ansehen genießt und in der die wenigen Doktoren rund 40 Jahre alt sind, die Medizinische Fakultät und die Rechtsfakultät, in der nur das Décret, das kanonische Recht der Kirche gelehrt wird. In der Geisteswissenschaftlichen Fakultät, in der sich die erste Phase der Studien abspielt, geht es besonders turbulent zu. Zahlreiche Studenten aus der gesamten christlichen Welt gruppieren sich dort zu »Nationen«. Die meisten von ihnen beenden ihr Studium mit dem Magister und studieren dann nicht weiter, um den Abschluss der Licence oder einen Doktorgrad zu erlangen. Es kann hier jedoch durch den Kontakt zur Philosophie zu zahlreichen Abweichungen von der Norm kommen, denn die Studenten dieser Fakultät praktizieren die Dialektik, deren Weiterentwicklung die Scholastik ist, und studieren neben biblischen Texten auch die aristotelischen Schriften, die Ethik wie die Politik.

Die Kathedrale trägt in Stein gemeißelt das Zeichen dieser Obsession: die Sieben freien Künste, also die Grammatik, die Rhetorik, die Dialektik für das Trivium und die Arithmetik, die Geometrie, die Musik und die Astronomie für das Quadrivium, sind in der Mitte der Fassade unter dem Sockel mit der Statue des lehrenden Christus am Trumeaupfeiler des Weltgerichtsportals dargestellt. Für die Kleriker, aber auch für die Laien, um die sie sich kümmern sollen, geht es beim Weltgericht also um die Qualität der Lehre, die sich als grundlegend bestätigt.

In Paris ist nicht nur die Kathedrale für die Lehre zuständig. Konkurrenz erhält sie durch die Bettelorden, die Mitte des 13. Jhs. sehr aktiv sind, insbesondere mit Thomas von Aquin bei den Dominikanern und Bonaventura bei den Franziskanern. Die Universität erwirbt vor allem eine große Autonomie im Verhältnis zum Bischof und zum Kapitel. Die Macht des Kanzlers erhält ebenfalls Konkurrenz, und zwar durch die des Rektors der Fakultät der Sieben freien Künste. Als Étienne Tempier im 13. Jh. den Posten des Kanzlers innehat, strengt er gegen die Professoren der verschiedenen Fakultäten einen Prozess wegen der Erteilung der Diplome an. Nachdem er im Jahr 1268 Bischof geworden ist, unterstützt er die 1270 und 1277 ergangenen Verurteilungen von Studenten der Sieben freien Künste und bestimmten Theologen wegen ihrer Auslegung der aristotelischen Schriften. Die Studenten zögern jedoch nicht, bei mehreren Gelegenheiten zu streiken, um sich beim Bischof ebenso Gehör zu verschaffen wie beim Repräsentanten des Königs, dem Prévôt de Paris. Für beide ist es schwierig, dieses lautstarke und gelegentlich zu Späßen aufgelegte Völkchen im Zaum zu halten.

Bild links:
Dieses Blatt einer Handschrift eines Pariser Collège aus dem späten 14. Jh. zeigt Kleriker mit Tonsur und langem Gewand und vermittelt einen Eindruck davon, wie jung die Studenten waren. Strenge Statuten regelten ihr Leben, das der Jungfrau Maria gewidmet war.

Bild rechts:
Engel am Annenportal mit erhobenen Armen und in der typischen Gebetshaltung eines Oranten. Die Gläubigen konnten im Stehen beten, wie dies vor allem im Kirchenschiff der Fall war, oder kniend mit gefalteten Händen in den Kapellen.

Folgende Doppelseite:
Südfassade des Querschiffs, das Mitte des 13. Jhs. erbaut wurde (eine Inschrift im Sockel des Stephanusportals trägt das Datum 1257 und enthält die Angabe *maistre Johan*, Jean de Chelles, der den Aufriss entwarf und Vorgänger von Pierre de Montreuil war). Das verzierte Portal wird von durchbrochenen Wimpergen überragt und eingerahmt, die dieses bis zur Fensterrose mit 13 m Durchmesser reichen lassen, die von zwei Balustraden begrenzt wird. Über der oberen Balustrade befindet sich, etwas zurückversetzt, eine weitere Fensterrose. Der prächtige Anblick beim Betreten der Kathedrale war dem Bischof vorbehalten, die Kanoniker kamen durch das Nordportal.

Eine Kathedrale, in der gesungen wird

Die Kathedrale ist für das Singen gemacht: Auch in dieser Hinsicht ist sie eine Tochter der freien Künste. Das prächtige Gebäude ist auf den polyphonen Gesang ausgerichtet, der sich im späten 12. Jh. entwickelt. Die Kleriker der neuen Kathedrale wollen die Gottesdienste reformieren, indem sie der Messe und den Vespern größere Bedeutung geben, und mehrere Musikstücke werden mit den wichtigen Festen zu Ehren der Heiligen, wie dem hl. Stephanus oder dem hl. Dionysius, sowie mit den Jahreszeitenfesten Weihnachten, Ostern oder Mariä Himmelfahrt verknüpft. Zwei-, drei- und vierstimmige Gesänge oder Organa werden von den Kantoren der Kathedrale komponiert, die unter dem Einfluss von Léonin und Pérotin, die den Weg für die Motette bereiten, die Notre-Dame-Schule gründen. Ihre Vokalisen sind im gesamten Abendland berühmt. Einige Abhandlungen definieren die Prinzipien dieser neuen Musik im Lauf der 13. Jhs., insbesondere um 1240 die Arbeiten aus der Feder von Jean de Garlande. Autoren sind verschiedene Magister der freien Künste, zugleich Musiker, Dichter und Grammatiker. Sie werden von der Rhetorik dazu angeregt, eine metrische Musik zu komponieren, basierend auf Rhythmus, Notation und Stil. Sie entwickeln musikalische Stilelemente, insbesondere auch durch das Mittel der Tonrepetition, die als Verzierung eingesetzt wird. Eine kleine Orgel begleitet den Chorgesang, 1240 wird dann eine größere Orgel ins Querschiff gestellt. Diese wird 1403 durch die Orgel ersetzt, die der Herzog von Berry der Kathedrale schenkt: Die Singschule der Chorknaben von Notre-Dame hat ihre volle Leistungsfähigkeit erreicht und ist in der Lage, die *Ars nova* zu zelebrieren, die Guillaume de Machaut Mitte des 14. Jhs. aus der Kathedrale in Reims eingeführt hat. Nur virtuose Kleriker können entsprechende Leistungen erbringen, und die Kleriker von Notre-Dame haben die dafür nötige Ausbildung erhalten. Da sie an der Université de Paris studiert haben, beherrschen sie die lateinische Sprache perfekt, und ihr Gedächtnis ist gut trainiert. Sie wissen zudem bestens Bescheid über die Versbildung, die in allen Bereichen maßgeblich ist und als Gedächtnisstütze dient. Sie können zugleich gut singen und sich die Dinge merken. Mit welchem Ziel? Wie Jean de Garlande in seinem Traktat *De mensurabili musica* schreibt, geht es darum, reizvolle musikalische Passagen wiederzugeben und »die Schönheit des Klangs mittels dessen zu entwickeln, woran das Gehör Freude findet«. Die Schönheit des Klangs verbindet sich nun mit der Schönheit der Körper, die in den Skulpturen der Kathedrale verherrlicht wird. Adam und Eva, deren Statuen das südliche Querschiff im Inneren schmücken, zeugen zwar von einem verlorenen Paradies, ihre Körper entsprechen jedoch den Schönheitskriterien, die in der aristokratischen Welt des Mittelalters vorherrschen: schlanker Körper und feine Gesichtszüge.

Welche Botschaft erhalten die einfachen Laien?

Für die Laien ist es nicht immer einfach, die religiöse Botschaft richtig zu interpretieren, die von der Kathedrale übermittelt wird. Wir sollten nicht davon ausgehen, dass die Skulpturen mit dem Ziel angefertigt wurden, das Verständnis zu vereinfachen. Es

Vorherige Doppelseite:
Das Weltgerichtsportal ist von großem ikonographischem Reichtum. In der Mitte des Tympanons ist Christus als Weltenrichter zu sehen, wie es die Apokalypse ankündigt Er ist jedoch auch der Erlöser, der an seinen Händen die Wundmale der Passion trägt. Engel zeigen die Passionswerkzeuge (Kreuz, Nägel, Lanze), während die gekrönte Maria und der hl. Johannes kniend ein gutes Wort einlegen. Es ist der Augenblick des Heils. Am oberen Türsturz wiegt der hl. Michael die Seelen der Verstorbenen. Am unteren Sturz wird die Auferstehung der Toten von Trompete spielenden Engeln verkündet. Am Trumeaupfeiler ist der Kopf Christi zu sehen, der von Viollet-le-Duc erneuert wurde. Die Botschaft des Portals ist klar: Es zeigt, was nach dem Tod geschehen kann, aber dass es dank des Opfers und der Lehre Christi möglich ist, das Seelenheil zu erlangen.

Bild rechts:
Mann mit Gambe am Annenportal: Durch die Musik bezähmt er die Kräfte des Bösen.

Folgende Doppelseite:
Engel verkünden die Auferstehung von den Toten und das Jüngste Gericht, entstanden um 1220–1230, aufbewahrt im Musée national du Moyen Âge (Mittelaltermuseum).

Bild links:
Szenen der Weinlese aus der Buchmalerei des *Rohan-Stundenbuchs*, um 1430. Die Lese erfolgt unter dem Tierkreiszeichen Skorpion und illustriert die Aktivitäten des Monats Oktober.

Bild rechts:
Tierkreiszeichen Wassermann in der westlichen Fensterrose, dort sind auch die anderen Tierkreiszeichen dargestellt.

Folgende Doppelseite:
Brunnenkressestängel und Fantasiegestalten, halb Vogel, halb Mensch. Sie illustrieren die Flora einer idealen Natur.

ist ein Irrtum zu glauben, die Darstellung der Monate mit ihren typischen Arbeiten sei ein Zeichen für Realismus, durch den Gott der profanen Bevölkerung nähergebracht werden solle. Es stimmt, dass Paris im Mittelalter noch eine von Gärten durchsetzte Stadt war und dass viele Stadtbewohner noch vom Land kamen. Die Monatsbilder jedoch, die die Fassade oder die Buntglasfenster der Kathedrale zieren, haben in erster Linie eine symbolische Bedeutung und verweisen weniger auf die reale Arbeit der Gläubigen. Die darin gezeigten Jahreszeiten sind von Gott gewollt und spielen sich in einem Zyklus ab. Die Eichenblätter, der Wegerich, die Brunnenkresse oder das Schöllkraut sind nicht da, um die Realität abzubilden, sondern um zu zeigen, wie jedes Detail in der Natur zu Gottes Werk beiträgt. Die Knospen an den Kapitellen als Vorankündigung der Erneuerung durch die Osterereignisse zu verstehen.

Welchen Sinn können die Laien nun diesen Bildern entnehmen? Was sagt ihnen beispielsweise die himmlische Hierarchie, die rund um Gott in geordneter Weise die Seraphim, Cherubim und Throne, auf der zweiten Ebene die Herrschaften, die Tugenden, die Mächte und auf der dritten Ebene die Engelsfürsten, die Erzengel und die Schutzengel unterscheidet? Sie wissen, dass Gott das Licht ist, und begleiten die Totenrituale mit viel Kerzenlicht. Und wenn die Kerze im Moment der Beerdigung nicht erlöscht, sehen sie darin einen göttlichen Fluch, das Zeichen dafür, dass der Verstorbene Gefahr läuft, des ewigen Heils beraubt zu werden. Sie fürchten auch die Sonnenfinsternisse, die ihnen das Licht rauben, und verbinden damit die größten Übel, wie die Pest oder den massenweisen Einfall von Dieben, die kommen, um gute Leute zu bestehlen.

Was können sie der Symmetrie der Statuen entnehmen, die ebenfalls eine symbolische Bedeutung hat und schwer verständlich bleiben kann? Den zwölf Patriarchen und den zwölf Propheten des Alten Gesetzes stehen die zwölf Apostel des Neuen Gesetzes, des Gesetzes Christi, gegenüber. Die Zeit, die in den zwölf Monaten des Jahres verstreicht, verbindet die Menschen mit dieser Lehre des Gesetzes. Den vier Hauptpropheten Jesaja, Ezechiel, Daniel und Jeremias entsprechen die vier Evangelisten, der hl. Matthäus, der hl. Johannes, der hl. Markus und der hl. Lukas. Die vierundzwanzig Ältesten der Apokalypse sind das Pendant zu den zwölf Propheten zusammen mit den zwölf Aposteln. Dies wiederum entspricht

weitgehend dem Stellenwert, den die Zahlen in der Symbolik des Mittelalters seit den ältesten Auslegungen des Christentums durch die Kirchenväter einnehmen. Der hl. Augustinus erklärt, dass die Zahl Zwölf der Weltkirche als Grundlage dient, da sie das Ergebnis von drei mal vier ist, der Begegnung der Dreieinigkeit mit den vier Elementen. Isidor von Sevilla, der im 7. Jh. das *Liber numerorum* (Buch der Zahlen), eine Verbindung aus Zahlenmystik und Bibelexegese, schreibt, das den Denkern des Mittelalters durch seine Enzyklopädie als Referenzgröße dient, nimmt diese Theorien auf, die weite Verbreitung finden. Bedenken beispielsweise die Pariser, die durch das Marienportal gehen, dass ihr Leben von der Zahl Sieben geleitet wird? Das Leben teilt sich in sieben Altersstufen, die auf der linken Seite dargestellt sind, und um zum Heil zu gelangen, müssen die sieben Bitten des Vaterunsers gebetet und die sieben Sakramente praktiziert werden. Was wissen sie von dieser Zahl Zwölf, die sich durch die Tierkreiszeichen zieht, die durch die Monatsarbeiten am Marienportal und in den oberen Medaillons des mittleren Portals, des Weltgerichtsportals, in Form der Tugenden und Laster repräsentiert wird? Die Pariser verfügen jedoch über Schlüssel, die ihnen

Bild links:
Monatskalender am Pfeiler des Marienportals. Zur Illustration des Monats Juli schleift ein Erntearbeiter eine große Sense.

Bild rechts:
Die *sieben Sakramente*, die Rogier van der Weyden (um 1450) auf diesem Triptychon dargestellt hat, sind von nun an genau definiert: Firmung, Beichte, Buße, letzte Ölung, Ehe, Taufe, Weihesakrament. Ihre Einhaltung führt zum Heil, das Christus ermöglicht hat, indem er sich am Kreuz geopfert hat.

Folgende Doppelseite:
Die Kapitelle des ersten Jochs im Kirchenschiff sind reich mit Blattwerk verziert – es handelt sich um Eichenlaub.

Bild rechts:
Kopf eines Prälaten aus dem 13. Jh., Musée national du Moyen Âge (Mittelaltermuseum).

Folgende Doppelseite:
Buntglasfenster aus dem 13. Jh. in der Kapelle Harcourt im Chorumgang. Gespendet wurde es von den Pariser Metzgern, einer der reichsten Zünfte der Stadt. Es rühmt deren Arbeit.

diese unsichtbare Welt zugänglich machen können. Der Pariser Christ des Mittelalters ist mit Zahlen vertrauter, als man denken würde, da die Stadt kleine Schulen besitzt, die nicht nur für die Ausbildung von Klerikern bestimmt sind, und weil sich die sehr zahlreichen Pariser Kaufleute und Handwerker durch die Wissensweitergabe innerhalb der Familie auch in Mathematik bilden. Die meisten Pariser kennen ihr Vaterunser, und einige Bürgerliche oder auch Adlige, die am Königshof verkehren, sind mit Horoskopen und Wahrsagungen vertraut, die schwierige Berechnungen voraussetzen. Dies sind für die Vorhersage der Zukunft unverzichtbare Dinge. Die Theologen der Universität wachen übrigens darüber, dass es zu keinen Auswüchsen kommt, und wer sein Wissen missbräuchlich verwendet, wird schwer bestraft.

Als Anfang des 15. Jhs. Zigeuner nach Paris kommen, strömen die Pariser herbei, um sie zu treffen und sich von ihnen wahrsagen zu lassen. Ein Kanoniker von Notre-Dame, der ein anonymes Tagebuch hinterlassen hat, spottet darin über die Leichtgläubigkeit seiner Landsleute, aber der Bischof von Paris macht sich die Mühe, in der Kathedrale eine große öffentliche Moralpredigt zu halten, er exkommuniziert diejenigen, die sich ihre Zukunft aus der Hand haben lesen lassen, schickt die Zigeuner nach Pontoise weiter und veranstaltet eine große Bußprozession.

Die Pariser verwenden auch Stundenbücher, nach denen sie die Gebete rezitieren. Sie werden in großer Anzahl verbreitet, doch diese Abschriften der Handschriften erfolgen nicht immer mit der nötigen Sorgfalt und enthalten viele Fehler. Das mag ein Zeichen dafür sein, dass ihre Empfänger nicht in der Lage sind, daran Anstoß zu nehmen, zeigt aber auch die Beliebtheit dieser Bücher! Ihr Inhalt verdeutlicht, dass die Kleriker recht einfache Mittel des Memorierens anwenden, um die Laien zur Frömmigkeit anzuregen. Der hl. Vinzenz ist Schutzpatron des Weins, weil sein Name das französische Wort für Wein, *vin*, enthält. Die hl. Klara wird dank ihres Namens zur Schutzpatronin der Spiegelmacher und Emailleure. Der Evangelist Johannes überlebt, in einen Kessel mit siedendem Öl geworfen zu werden, und die Hersteller von Kerzen beanspruchen ihn als Schutzpatron ... Das sind einfache Botschaften, die gut zu dem passen, was die Skulpturen der Kathedrale lehren: Die Sanftheit ist mit dem Lamm verbunden, die Geduld mit dem Ochsen, die Demut mit der Taube, der Friede mit dem Olivenbaum und so weiter. Der gemeindliche Rahmen gewährleistet zudem die allgemeine Verbreitung der Sakramente. Es ist von großer Bedeutung, dass die Ausschmückung der Chorschranke von Notre-Dame diesen Aspekt hervorhebt: Zu dem Zeitpunkt, als sie ausgeführt wird, sind nahezu hundert Jahre seit dem Vierten Laterankonzil im Jahr 1215 vergangen, das die Praxis der Sakramente genauer definierte. Das Abendmahl ist einmal pro Jahr obligatorisch geworden, und zwar am Ostertag. Das Leben eines Christen soll vom Gemeindepfarrer betreut werden. In seiner Pfarrei soll er getauft werden, heiraten und schließlich beerdigt werden. Notre-Dame de Paris lehrt diese Gebote entweder explizit oder allegorisch und ist charakteristisch für eine Pariser Frömmigkeit, von der man leider noch wenig weiß.

ALBERT DE GONDI

Der Zusammenschluss der Gläubigen

Die Gläubigen, Kleriker wie Laien, schließen sich zu Bruderschaften zusammen. Dieses Phänomen entwickelt sich ab dem 13. Jh. in der gesamten abendländischen Christenheit. Rouen bringt es mit seinen 40 000 Einwohnern am Ende des Mittelalters auf etwa einhundert Bruderschaften. Für Paris gibt es keine erschöpfende Studie, die eine genaue Zahlenangabe erlauben würde, aber man weiß von mehr als einhundertfünfzig Bruderschaften in den letzten beiden Jahrhunderten des Mittelalters, also zu einer Zeit, in der die Stadt nicht mehr als hunderttausend Einwohner hatte.

Die Obrigkeit ist beunruhigt über die starke Vermehrung dieser Bruderschaften, ihr gesellschaftliches Gewicht und ihr staatsgefährdendes Potenzial. Tatsächlich versammeln die Bruder- und Schwesternschaften Männer und Frauen, die sich wie Geschwister gegenseitig helfen, sich versammeln, die Mahlzeiten miteinander teilen, beten und gemeinsam die Messe lesen lassen. Die Aufnahmegebühr in die Bruderschaft dient zur Finanzierung der gemeinsamen Lebensbereiche und der Votivgaben der Mitglieder für den Schutzheiligen der Bruderschaft, der in einer Kapelle geehrt wird. Die Mitglieder üben häufig denselben Beruf aus. Ihre Spenden sichern die Solidarität innerhalb der Berufsgruppe und dienen dem Unterhalt der Kapelle, dem Lesenlassen von Messen und den Gebeten für die Toten. Bestimmte Bruderschaften haben ihre Kapelle in der Kathedrale bauen lassen. Man kennt die Bruderschaften Saint-Sébastien, Saint-Augustin, Saints-Crépin-et-Crépinien, Notre-Dame des Ardents, Notre-Dame-aux-Prêtres-et-aux-bourgeois (1257–1729) und auch die der Berufsgruppe der Filzer, die Archive hinterlassen haben. Eine der berühmtesten ist die Bruderschaft Saint-Anne et Saint-Marcel der Goldschmiede, die ab 1449 in Dokumenten auftaucht, wahrscheinlich aber bereits vor diesem Datum bestand und bis 1712 existierte. Anlässlich des 1. Mai, der schon bald zum Fest der Handwerker wird, verfassen die Goldschmiede die ersten *Chants royaux* (Königsgesänge), um damit die Mai-Opfergabe, ein Geschenk für Maria in Form eines reich dekorierten Lebensbaumes, der vor dem Hochaltar aufgestellt wird, zu begleiten. 1481 wird der Lebensbaum durch eine Goldschmiedearbeit ersetzt, ab 1630 dann durch ein Gemälde. Die Verse, die bei diesem Fest vorgetragen werden, stehen im *Mémorial* der Bruderschaft. Die Kanoniker organisieren den reibungslosen Ablauf der Aktivitäten der Bruderschaften in der Kathedrale, dies zeigen die Beschlussregister des Kapitels. Gelegentlich geht es in den Aufzeichnungen um Lappalien, wie beispielsweise 1422, als der Sekretär des Bischofs es wagte, vier Fackeln an sich zu nehmen, die der Bruderschaft Saints-Crépin-et-Crépinien gehörten!

Predigten, Busse und gute Sitten

Die Kathedrale ist vor allem der Ort der Predigt, und die Gläubigen, die im Kirchenschiff stehen, können sonntags das Wort der Kleriker hören. Leider ist uns kein schriftliches Zeugnis von Laien über diese Predigten erhalten, wie dies beispielsweise in Italien der Fall ist, aber die Kleriker, insbesondere die Theologiestudenten der Universität, haben sich Notizen gemacht und diese anschließend in einige Manuskripte übertragen.

Bild links:
Südliche Seitenkapelle des Chorumgangs, abgetrennt durch eingebundene Säulen. Gebaut wurde sie wie die anderen Kapellen Anfang des 14. Jhs. für private Andacht. Sie ist mit Reliquien und Votivtafeln ausgestattet. Die Kapelle bot Raum für eine intensive Liturgie, Messen und Gebete wurden von reichen Familien, Bruderschaften oder Zünften bestellt.

Folgende Seite:
Diese Statue von Adam, die derzeit im Musée national du Moyen Âge (Mittelaltermuseum) aufbewahrt wird, schmückte in der Kathedrale den südlichen Arm des Querschiffs. Sie zeigt Spuren einer Mehrfarbigkeit. Angefertigt wurde sie um 1260, und sie ist eine der ersten und zugleich der schönsten monumentalen Aktdarstellungen, die in Paris seit dem Altertum entstanden sind.

Abel spricht:
Bruder Kain, wir sind Geschwister,
und die Söhne des ersten Menschen,
Dieser war Adam, unsere Mutter hieß Eva;
Um Gott zu dienen, wollen wir nichts Übles tun.

Wir wollen immer unserem Schöpfer ergeben sein,
Dienen wir ihm, um seine Liebe zu erobern,
Die unsere Eltern aus Narretei verloren haben.
Möge zwischen uns ein festes Band der Liebe bestehen.

Dienen wir Gott, um ihm zu Gefallen zu sein;
Geben wir ihm, was ihm zusteht, ohne etwas zurückzuhalten.
Wenn wir ihm guten Herzens folgen wollen,
müssen wir den Untergang unserer Seelen fürchten.

Geben wir ihm seinen Zehnt und alles, was ihm zusteht,
Primiz, Spenden, Gaben, Opfer;
Wenn wir begehren, etwas davon zurückzubehalten,
Werden wir in der Hölle verloren und ohne Hilfe sein …

Le Jeu d'Adam (Adamsspiel), 1150–1175

Nimmt man die Feiertage dazu, können rund einhundert Predigten pro Jahr gehört werden. Gelegentlich wird die Predigt, die am Vormittag begonnen hat, nachmittags fortgesetzt. Einige Predigten sind ausschließlich den Klerikern vorbehalten, andere wenden sich auch an das einfache Volk. Im Lauf des 13. Jhs. erhält die Predigt eine besonders sorgfältige Form. Der Prediger begnügt sich nicht mehr damit, sich zwanglos über den Text des Evangeliums für den jeweiligen Tag auszulassen. Er wählt ein Thema aus einem liturgischen Text und kommentiert diesen. Der Vers ist lateinisch, der Kommentar erfolgt meist in der Alltagssprache. Alles, von der Einleitung bis zur Schlussbetrachtung, ist so aufgebaut, dass die Aufmerksamkeit der Zuhörer gefesselt wird. Wie der Bischof von Paris, Guillaume d'Auvergne (1228–1249), der für seine besonderen Qualitäten als Theologe und Prediger bekannt war, in einem seiner Traktate sagte, muss man ungezwungen und mit Leichtigkeit sprechen. Man darf nicht zögern, Geschichten zu erzählen und mit Metaphern zu arbeiten. Die poetischsten Objekte der Bibel, wie Öl, Honig, Weichweizen, Balsam, Weihrauch und edle Materialien, finden Eingang in die verwendeten Bilder. Der Bischof von Paris scheut sich nicht, zu schreiben, dass der Prediger wie ein Bräutigam sei, der sich mit dem Geist seiner Zuhörer vermählen muss, so dass diese »ihr Jawort geben und durch den Liebesakt die Eltern guter Werke werden«. Es ist auch erforderlich, das Niveau an die Zuhörer anzupassen, denn nicht alle Gläubigen haben dasselbe Wissen. Man predigt für einen Bauern anders als für einen Ritter, für einen Kaufmann anders als für eine Prostituierte. Ziel ist es, dass jeder nach seinem Stand Zugang zu den unsichtbaren Realitäten erhält und sich diese vergegenwärtigen kann.

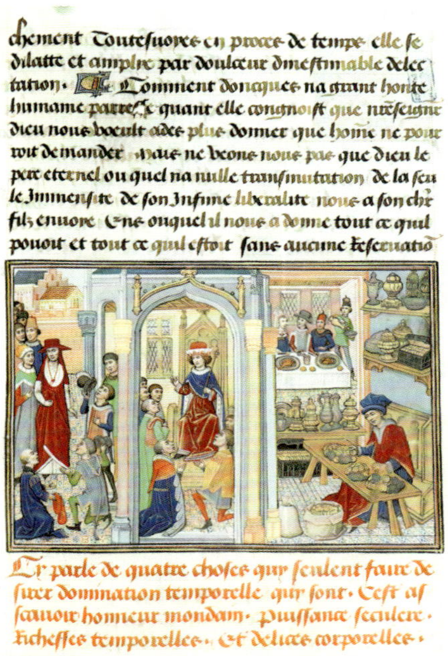

Die von den Predigern angesprochenen Themen zeigen eine enge Übereinstimmung zwischen Wort und Bild, also zwischen dem Hören und dem Sehen. Entgegen überkommenen Vorstellungen ist die Angst nicht die Triebkraft, auf die sich die religiöse Lehre in Notre-Dame stützt. Das Bild von der Hölle wird nämlich in großem Maße durch die Hoffnung auf das ewige Leben und Abrahams Schoß ausgeglichen, in den sich die Auserwählten im Tympanon des Weltgerichtsportals stürzen. Das Mittelportal ist insgesamt sehr ausgewogen, und man weiß, dass die Gläubigen in Paris die Botschaft in eben dieser Form erhalten. Das bezeugt auch die Mutter von Villon, die sagt, sie habe Angst vor der Hölle, »wo die Verdammten gekocht werden«, wobei sie jedoch gleich hinzufügt, dass das Paradies

Bild links:
Die *Taufe Christi* auf der nördlichen Chorschranke ist für die Gläubigen auf dem Weg in die Seitenkapellen deutlich sichtbar. Die Szene überträgt die Bibel in Bilder, denn sie bietet eine perfekte Illustration des Inhalts der Evangelien.

Bild rechts:
Diese Buchmalerei von 1462 illustriert das Werk *Miroir d'humilité* (Spiegel der Demut) von Jean Gerson. Darin wird erzählt, wie ein Kleriker beten muss, um gegen die Laster zu kämpfen, die eine Bedrohung der *Conditio humana* darstellen, insbesondere den Geiz.

Bilder links und rechts: Darstellung von Lastern am Mittelportal. Links der Stolz in Form eines Mannes, der von einem ungestümen Pferd fällt, rechts die Verzweiflung in Form einer Frau, die sich mit einem Degen durchbohrt.

»ihr Wonne und Freude schenke«. Die Beschreibung von Handlungen des Teufels sind begrenzt. Nach Art der Episode von Theophil gibt es einige kleine Geschichten, die von den Predigern erzählt werden und als beispielhaft gelten. Sie zeigen, wie der Teufel nur diejenigen quält, die ihm huldigen. Zwar können diese Ungläubigen reich werden, indem sie auf den Messen Tuch und Geld stehlen, und, wenn sie von den Behörden ins Gefängnis gesteckt werden, vom Feind in der Hölle sofort wieder befreit werden, bis zu dem Tag, an dem dieser sie im Stich lässt … Schlimmer noch, er gibt ihnen das Seil, mit dem sie gehängt werden!

Die Predigten würdigen vor allem die Motivation der Gläubigen und ihr Gefühl der Buße. Auch hierbei nimmt die Kathedrale von Paris die Lehre des Vierten Laterankonzils auf, die die individuelle Buße ins Zentrum ihres Anliegens stellt, indem sie diese den Gläubigen einmal jährlich, vor dem Abendmahl an Ostern, vorschreibt. Die kollektive Buße wird dennoch nicht aufgegeben und kann auf dem Vorplatz der Kirche feierlich erfolgen, eng verbunden mit dem Leisten der Abbitte. Der Christ tritt hierbei im Büßergewand öffentlich in Erscheinung, d. h. in einem Hemd, barfuß, ohne Gürtel und ohne Chaperon, und ruft diejenigen, die er verletzt hat, um Gnade an. Die persönliche Buße nimmt jedoch ebenfalls zu und trägt zum Heil bei. Jeder kann in Versuchung geraten, aber er kann auch persönlich bereuen.

Unter diesen Bedingungen ist es wichtig, den Unterschied zwischen Gut und Böse, zwischen den Tugenden und den Lastern zu lehren. Es ist wichtig, den Gläubigen nahezubringen, was es bedeutet, als Christ zu leben, einen guten Ruf zu haben und sich »anständig auszudrücken«. Diese Lehre beginnt damit, herauszuarbeiten, welche Verantwortung der Einzelne in der Begegnung mit dem Bösen hat: Allmählich schwindet der Glaube, das Böse, das eines der Familienmitglieder begangen hat, könne innerhalb der Verwandtschaft kompensiert werden. Es gilt, den Rachegedanken auszumerzen. Der Sohn ist nicht für das Böse verantwortlich, das sein Vater begangen hat, und umgekehrt. Eine dieser kleinen, bei den Pariser Predigern beliebten Geschichten, erzählt, wie ein Vater und sein Sohn sich in der Hölle schlagen und beißen wie Hunde, während sie sich unter der Qual der Flammen gegenseitig verfluchen, weil jeder von ihnen zum Verhängnis des anderen wurde.

Es gibt so viele Übel in der Welt wie Klippen, die umschifft werden müssen. Die Kathedrale prangert sie im Tympanon und in den Buntglasfenstern an. Da ist die Gottlosigkeit eines Menschen, der dargestellt ist, wie er ein Idol anbetet, oder die Verzweiflung, die zur Selbsttötung führt – diese war für die Menschen des Mittelalters eines der schlimmsten Verbrechen. Außerdem sind der Geiz, der Stolz und der Zorn

thematisiert. Gott kann jedoch alles vergeben, und dieses Vertrauen in Gott wurzelt in der Lehre der Passion. Die Engel bringen Christus, dem Weltenrichter, die Leidenswerkzeuge in Form von Nägeln, Lanze und Kreuz, und die Szenen der Passion folgen vor den Augen der Gläubigen aufeinander, die an der Chorschranke entlanggehen, während im Chor, aus dem sie ausgeschlossen sind, die Gottesdienste abgehalten werden. Zur Hoffnung auf Vergebung tragen auch die Verdienste der Heiligen und das Eingreifen Marias bei, die, den Worten der Prediger nach, niemandem jemals ein Bittgesuch abgelehnt hat, der das Ave Maria zu beten versteht.

Ein spontaner Besuch?

Die religiösen Aktivitäten in der Kathedrale werden streng kontrolliert, und für Spontaneität bleibt wenig Raum. Im Hauptschiff von Notre-Dame wimmelt es jedoch von Menschen, die nach Belieben kommen und gehen. Hier schwören zwei Männer auf die Reliquien der Heiligen, um sich gegenseitige Hilfe und Treue zu geloben oder ihre Geschäfte zu einem guten Ende zu führen, denn der Abschluss eines Vertrages wird notwendigerweise von einem Eid begleitet. Dort findet ein Verbrecher, der von seinem Opfer oder von den Sergeanten verfolgt wird, in der Kathedrale Asyl. Er musste nur die Tür der Kathedrale berühren, um gerettet zu sein. Nun muss er warten, bis sich die beiden Familien verständigt haben, was mehrere Tage oder sogar Wochen dauern kann, je nach Schwere der Tat.

Die Bevölkerung, die durch die Seitenschiffe pilgert, kann durchaus anrüchig sein. Wie bereits erwähnt, agieren Taschendiebe auf dem Vorplatz ohne Scheu. Es kommt aber auch vor, dass sie in die Kirche eindringen, wie die folgende kleine Episode von 1412 enthüllt: Ein Blinder hat am Rand des Chors seinen ständigen Platz, wo er bettelt, um für seinen und den Unterhalt seiner Frau zu sorgen, denn er ist verheiratet, und hat einen festen Wohnsitz. Er ist allgemein bekannt und als Bettler zugelassen, wie dies für einen »Armen vor Gott« möglich ist. Er genießt ein gewisses Ansehen. Plötzlich taucht ein gesunder obdachloser Bettler auf, den die offiziellen Texte als »überall wohnhaft« bezeichnen, also einen gesellschaftlichen Außenseiter. Mehrmals nutzt er das Handicap des Blinden aus, um ihn beim Geldwechseln zu betrügen. Diese List wird schließlich angezeigt, und die Angelegenheit endet im Châtelet, im Gefängnis des Königs. Zweifellos wurde dieser Eindringling mit dem Einverständnis der Gläubigen verfolgt.

In der Kathedrale wird diskutiert, man tauscht Neuigkeiten aus, kommentiert Nachrichten, die an der Türe angeschlagen sind oder die bei der Homilie von der Kanzel herab verkündet werden, denn die Kathedrale ist auch Pfarrkirche für einen Teil der Bewohner der Cité. Die Liste der Exkommunizierten wird laut vorgelesen, damit die Schande auf sie und ihre Verwandten zurückfällt. Die Listen zeigen, dass die Anzahl der Exkommunizierten, auch schuldenhalber, hoch ist. Die Kathedrale dient als eine Art Informationsbörse. Der Offiziant hat Mühe, die Gläubigen während der Predigt zum Schweigen zu bringen. Notre-Dame ist wirklich ein lebendiger Ort. Die Sergeanten haben Mühe, für Ordnung zu sorgen. Sogar Tiere müssen verjagt werden, die hier ungehindert herumlaufen, Hunde, Katzen und manchmal sogar Schweine.

Bild rechts:
Diese Buchmalerei von Jean Fouquet, entstanden um 1460, zeigt das Innere von Notre-Dame, hier das nördliche Seitenschiff, als Rahmen für eine Teufelsaustreibung, durchgeführt vom hl. Veranus, Bischof von Cavaillon. Die zahlreichen Befreiungen Besessener vom Teufel zogen im Mittelalter immer eine große Menschenmenge an.

Folgende Doppelseite:
Die Orgel verbirgt teilweise die westliche Fensterrose. In Verbindung mit der Fülle schlanker Säulen in perfekt passender Größe verleiht sie der Kathedrale jedoch ein großartiges Gepräge und verwandelt sie symbolisch in einen idealen Wald.

Gliosi cofessoris dextram solẽnia celebrent venerates cu suma leti

Die Freiheit der Gläubigen ist aber vor allem auf dem Vorplatz sehr groß, wo Speck-, Bücher- und Kerzenmärkte abgehalten werden. Lange glaubte man, das Volk habe hier Mirakel- und Mysterienspiele aufgeführt. Dafür liegen allerdings keinerlei Beweise vor, und man kann annehmen, dass es sich dabei um eine Erfindung der Gelehrten aus dem 19. Jh. handelt. Der Vorplatz ist zu klein, um so viele Personen fassen zu können. Richtig ist jedoch, dass die Aufführung von Mysterienspielen gegen Ende des Mittelalters, insbesondere unter dem Einfluss der Bruderschaften, zunahm. Dabei konnte es sich um die Bruderschaft der Passion oder die der Schuster zu Ehren ihrer Schutzpatrone Crépin und Crépinien handeln. Die meisten dieser Stücke wurden jedenfalls von Klerikern ausgearbeitet wie 1440 das *Mystère de la Vengeance Notre-Seigneur* (Geschichte der Rache unseres Herrn Jesus Christ) vom Dekan der Kanonistischen Fakultät, Eustache Marcadé, oder das *Mystère de la Passion* (Passionsspiel) und das *Mystère des Actes des Apôtres* (Apostelspiel) von Arnoul Gréban. Letzterer war Magister der freien Künste, erhielt 1458 sein Baccalaureat in Theologie und wurde Organist und Grammatiklehrer in Notre-Dame, wo er von 1451–1456 den Knabenchor der Kathedrale leitete. Sein Werk wurde jedoch zuerst in Abbeville aufgeführt. Die Handlung der Mysterienspiele konnte extrem gewalttätig und von karikaturistischer Grobheit sein. Für die Dauer einer Theateraufführung machte man sich über die Behörden, Richter oder Ehemänner, Prälaten oder Vogte lustig. Und diese Umkehrung der Verhältnisse, aus der Kathedrale ins Freie verbannt, stärkte die Hierarchie, wie sie das Innere des Gebäudes proklamierte. Während der Aufführung entstand ein magischer Zirkel, der die Zuschauer nahe zu Gott und den Heiligen brachte und Pest und Kriege in die Ferne rückte.

Man wird den genauen Stellenwert, den die Laien in der Kathedrale innehatten, nie erfahren. Notre-Dame de Paris wurde ursprünglich gebaut, um die Kleriker auszubilden und auf ihre Lehrtätigkeit vorzubereiten: Die Laster im Tympanon zeugen davon. Der Aufstand dort ist der des Menschen gegen seinen Bischof, der Wankelmut ist der eines Mönchs, der aus seinem Kloster flieht. Die Frau wird dort vor allem und wiederholt als die Versucherin schlechthin gesehen. Wird doch der Zorn durch eine Frau dargestellt, die einen Mönch schlägt, die Hartherzigkeit durch eine Frau, die einen Diener niederstößt, der Geiz durch eine Frau, die ihre Truhe eifersüchtig hütet. Die Zwietracht wird gezeigt durch ein Streitgespräch zwischen einem Mann und einer Frau, die beide betrunken sind – für eine Frau galt dies als das schlimmste Verhalten. Die Moral, die seitens der Kathedrale ersichtlich wurde, verneinte tendenziell den moralischen Wert der Frauen, die jedoch in Texten aus dem späten Mittelalter in Bezug auf die Gottesdienste als besonders eifrig beschrieben wurden, während die Männer zu lange in der Taverne blieben … Es handelte sich wohl um die Sprache der Kleriker, eine Sprache, die eher für die Kleriker bestimmt war und weniger der Alltagsrealität entsprach. Von der Kathedrale ging so jedoch eine Sichtweise aus, welche die Gesellschaftsordnung definierte.

Bild links:
Dieser Engel wacht über das nördliche Querschiff und erinnert die Kanoniker, die sich ins Kloster begeben, an das Ende der Welt. Er mahnt sie, an ihr Seelenheil zu denken, und lädt sie zu den Gottesdiensten.

Die Kathedrale und das Königreich

Der Bischof und die Kanoniker spielen bei politischen Ereignissen eine wichtige Rolle, und die Kathedrale selbst ist ein symbolträchtiger Ort im Spannungsfeld zwischen Kirche und König. Gegen Ende des Mittelalters setzt sie so für das Königreich Frankreich Maßstäbe. Die Bischöfe und Kanoniker von Paris stehen aufgrund ihrer Rekrutierung und ihrer gesellschaftlichen Stellung im Zentrum des politischen Lebens. Sie sind eng verbunden mit den Königen und den herausragenden Persönlichkeiten des Königreichs, als Paris im 13. Jh. zur Hauptstadt eines Staates aufsteigt, der zunehmend zentralistisch wird. Der Hundertjährige Krieg, die Rivalitäten zwischen den Herzögen und ihren jeweiligen Anhängern – den Armagnacs und den Bourguignons – zu Beginn des 15. Jhs., die Besetzung von Paris durch die Engländer zwischen 1420 und 1436 und, in der Kirche, das Große abendländische Schisma, die Glaubensspaltung, welche die Christenheit zwischen 1378 und 1418 trennt, vergrößern die Spannungen und fördern die Einflussnahme der Politik auf das Leben der Kleriker.

Vorherige Doppelseite: Köpfe der Könige von Israel und Juda, die im Musée national du Moyen Âge aufbewahrt werden. Es handelt sich nicht um Porträts französischer Könige, sondern diese leiten vielmehr den Ursprung ihrer Macht von ihren biblischen Vorbildern her.

Bild links: In den Bögen des Weltgerichtsportals wenden sich alle, Könige und Prälaten gleichermaßen, Christus dem Weltenrichter zu.

Die Prälaten von Notre-Dame zwischen Kirche und Staat

Das Phänomen ist zunächst struktureller Art. Es hängt mit der Art und Weise zusammen, wie die Kleriker innerhalb der Kirche Kanoniker und Bischof werden. Die gesellschaftliche Herkunft der Kanoniker von Notre-Dame lässt sich nicht immer leicht nachvollziehen: Im 14. Jh. sind weniger als die Hälfte von adliger Herkunft, einige entstammen einem einfachen Milieu. Um ihre Pfründe zu erhalten, sind daher praktisch alle Pariser Kanoniker gezwungen, Gruppierungen aus Anhängern eines bestimmten Kardinals, Fürsten oder sogar des Papstes anzugehören, die sich für ihre Förderung einsetzen. In der ersten Hälfte des 14. Jhs., als mit Clemens VI., Innozenz VI. und Gregor XI. drei Päpste aus dem Limousin auf dem Papstthron sitzen, kommen mehr als fünfzehn Prozent der Kleriker aus dieser Provinz. Die beiden letztgenannten Päpste waren, wie wir bereits gesehen haben, ehemalige Kanoniker von Notre-Dame. Während des Großen abendländischen Schismas, als sich in Avignon Päpste durchsetzen, die nicht mehr aus dem Gebiet der Langue d'oc stammen, kommen die Kanoniker von Paris eher aus dem Norden, während im Kapitel Günstlinge und Vertraute von Robert von Genf auftauchen, der als Clemens VII. Gegenpapst wird. Das ändert jedoch nichts daran, dass die Mehrheit der Kanoniker von Notre-Dame aus dem Gebiet der Langue d'oïl stammt, aus der Picardie oder der Île-de-France. Sie sprechen die Sprache von Paris und entsprechen den Vorstellungen der damaligen Theoretiker, die sich wünschen, dass Kanoniker »im Land geboren und aufgewachsen« sind und nicht »bekleidete Dummköpfe und Esel, die aus Limoges oder der Auvergne oder aus Guyenne herantransportiert werden, ohne geisteswissenschaftliche Bildung und ohne jegliche Disziplin … und nicht einmal der Sprache des Volkes mächtig, das sie lenken sollen«. Unter den Kanonikern zählt man mehrere adlige oder geadelte Familien, denn sie stehen im Dienst des Königs, wie die Familie Marigny, normannischer Kleinadel, die Anfang des 14. Jhs. im Kapitel drei Kanoniker stellt, Jean, Pierre und Robert. Sie sind Halbbrüder von Enguerrand de Marigny, einem Berater von Philipp dem Schönen. Die Familie Dormans aus dem mittleren Adel und gebürtig aus Brie, hat Mitte des 14. Jhs. ebenfalls eine gute Stellung inne. Jean de Dormans wird 1350 zum Kanoniker von Paris ernannt, 1358 zum Bischof und 1363 zum Kardinal gewählt. Parallel dazu verläuft seine Karriere im Dienst des Königs, denn er wird Parlamentspräsident von Paris und Kanzler von Frankreich. Er bringt seine vier Neffen als Kanoniker in Notre-Dame unter, doch einer von ihnen, Bernard, gibt sein Kanoniat bald zu Gunsten einer militärischen Laufbahn auf. Die drei anderen dienen jedoch gleichzeitig der Kirche und dem Staat. Später sorgen sie wiederum dafür, dass einige ihrer Neffen, Kinder ihrer Schwestern, ins Kapitel eintreten, so dass es innerhalb des Kapitels starke verwandtschaftliche Bindungen gibt, denn die Dormans sind mit einer anderen einflussreichen Familie verwandt, den Orgemonts. Pierre d'Orgemont, der älteste Sohn des Kanzlers von König Karl V., ist am Parlament von Paris tätig und wird dann Präsident der Rechnungskammer, bevor er im Januar 1384 Bischof wird. Zwischen 1380 und 1388 gehört er zu denen, deren Namen am häufigsten unter *Chartes royales* (Königlichen Urkunden) zu lesen sind – ein Zeichen dafür, dass er eine besonders aktive politische Rolle spielt.

Die Bischöfe und Kanoniker sind also Staatsdiener. Sie beraten den König und besetzen wichtige Ämter am Hof. Das heißt jedoch nicht, dass sie ihm gegenüber unterwürfig auftreten würden! Sie wachen darüber, dass der König kein Tyrann ist. Die

Bild rechts:
Die Zeit war im Mittelalter für die Kleriker strukturiert durch die Gottesdienste, die von den Glocken verkündet wurden. 1370 wurde jedoch auf königlichen Befehl in Paris die Palastuhr installiert, und die kirchlichen und weltlichen Eliten begannen sehr schnell, sie zu nutzen. Die Uhr der Kathedrale, die von Viollet-le-Duc angebracht wurde, ist ein schöner Ausdruck für das Interesse an einer genauen Zeitmessung, das sich Ende des Mittelalters entwickelte.

Bild lnks:
Die Predigt von Jean Gerson, wie sie in dieser Buchmalerei aus dem 15. Jh. beschrieben wird, zieht zahlreiche Zuhörer unterschiedlicher sozialer Herkunft an. Sie alle lauschen der Predigt über die Passion, manche sitzend und andere im Stehen. Gerson begab sich zum Predigen auch in den Königspalast.

COLLIN
WAGNER
1864

Bild rechts:
Gewalttätige Szene des *Kindermords in Bethlehem* an der Wand der nördlichen Chorschranke. Sie kann wie eine an die Könige adressierte politische Botschaft verstanden werden. Herodes, der Prototyp des Tyrannen, ist derjenige, der die Kinder tötet und die Gesellschaft, der er auf diese Weise die Fortpflanzung unmöglich macht, der Unfruchtbarkeit weiht.

Bildhauerkunst in Notre-Dame ist Teil einer lange bestehenden politischen Strömung, die ein Bild des idealen Königs gestaltet. Einige Prälaten halten mit ihrer Meinung nicht hinter dem Berg und wollen den Staat ebenso reformieren wie die Kirche. Das gilt etwa für Jean Gerson, dessen Persönlichkeit das religiöse, intellektuelle und politische Leben der Regierungszeit von Karl VI. (1380–1422) beherrscht.

Jean Gerson, eigentlich Jean Charlier, wurde 1363 in Gerson bei Rethel als ältestes von zwölf Kindern einer Bauernfamilie geboren. Von seinen Eltern erhält er eine frühe religiöse Erziehung, später fällt er den Mönchen von Saint-Remi in Reims auf, die ihn als Freischüler auf das Collège von Navarra schicken. Nachdem er Magister der freien Künste geworden ist, folgt 1392 der Doktor in Theologie und er wird Professor am Collège. Als Priester kann er zu dieser Zeit einige kirchliche Lehen erwerben, die es ihm erlauben, als Pfarrer von Champeau-en-Brie und Kanoniker des Kapitels von Saint-Donatien in Bruges zu leben, zu dessen Dekan er ernannt wird. 1395 wird er Kanzler der Universität. Er wünscht diese, wie auch die Kirche, zu reformieren. Zudem beschäftigt er sich mit einer Lösung des Großen abendländischen Schismas und beruft ein Generalkonzil ein, bei dem die Bischöfe und die Universitätsprofessoren das Wort erhalten. Schließlich steht er an der Spitze der intellektuellen Bewegung in Paris, die ihre Anregungen bei den antiken Autoren findet, insbesondere bei Cicero. Genau wie der römische Redner glaubt er, die Welt mit Worten verändern zu können. Vergebens! Trotz bedeutender Moralpredigten, die sich an die verschiedenen Autoritäten des politischen und religiösen Lebens richten, gibt er sich 1399 geschlagen und tritt zurück.

1401 wird Jean Gerson jedoch erneut auf den Posten des Kanzlers berufen und nimmt seine Aufgabe als Professor und Prediger wieder wahr, wobei er am Kapitel von Notre-Dame tätig ist. Die politischen Ereignisse beenden schließlich seine Karriere: Er verurteilt das Handeln des Herzogs von Burgund, der 1407 den Mord am Herzog von Orléans in Auftrag gegeben hat, und nachdem er eine wichtige Rolle beim Konzil von Konstanz gespielt hat, emigriert er 1418 aus Paris, als die Burgunder sich der Stadt bemächtigt haben und ihre Gegner blutig unterdrücken. Nach Lyon zu den Cölestinern geflüchtet, stirbt er im Juli 1429, nicht ohne sich lobend zur Mission von Jeanne d'Arc, der Jungfrau von Orleans, geäußert zu haben.

Die Bischöfe und Kanoniker von Paris tragen ihre politischen Neigungen ganz offen zur Schau. So ist ein Brief von Bischof Gérard de Montaigu erhalten geblieben, der 1419, am Vorabend des Vertrags von Troyes, der die Doppelmonarchie begründen sollte, die Einwohner der Stadt Paris dazu aufrief, für den Thronfolger und künftigen König Karl VII. Partei zu ergreifen. Seine Brüder sind Gefolgsleute der Armagnacs: einer war Grand Maître d'Hôtel du Roi (Großmeister von Frankreich) und wurde 1409 von den Bourguignons wegen Majestätsbeleidigung zum Tod durch Enthaupten verurteilt, der andere war Erzbischof von Sens und wurde in der Schlacht von Azincourt 1415 getötet. Gérard de Montaigu teilt die politische Auffassung seiner Brüder und schreibt, es sei seine Pflicht als Bischof, offen zu sagen, was »gut ist für dieses Königreich« ist, damit die Untertanen tun, »was gute Untertanen tun müssen«, denn er wolle sie vor

den »verdammenswerten Überzeugungen« der Engländer warnen, den »Feinden dieses Königreichs«.
1426 wird jedoch Nicolas Fraillon zum Bischof gewählt. Er ist ein sehr aktiver Kanoniker von Notre-Dame, ein Anhänger der Bourguignons, und er sagt der anglo-burgundischen Regierung sehr zu, die nun in der Stadt herrscht. Sein Nachfolger im folgenden Jahr, Jacques du Châtelier, hat dieselbe politische Gesinnung. Als Karl VII. die Stadt jedoch 1436 wieder zurückgewinnt, wird 1439 Denis du Moulin Bischof, ein Mitglied seines *Grand Conseil*, des Großen Rats, und mit zahlreichen diplomatischen Missionen betraut. Er ist zugleich Requetenmeister seines Hofes und somit für den Vortrag eingehender Bitten zuständig. Die politischen Kursänderungen schaden der Intellektualität dieser Prälaten nicht. Guillaume Chartier, 1447 zum Bischof gewählt und eifriger Begleiter von Karl VII., ist der Bruder des Dichters Alain Chartier und selbst Doktor in beiden Rechtsformen. Als beratender Kleriker am Parlament von Poitiers, wohin die Anhänger des Thronfolgers ins Exil gegangen sind, wirkt er 1435 aktiv am Frieden von Arras mit. Als Kanoniker von Notre-Dame de Paris wird er dort zuerst Kanzler, dann Dekan, bevor er zu ihrem Bischof gewählt wird. Für diese Männer bedeutet der Staatsdienst, eine hohe Meinung von der königlichen Macht zu haben, und sie erarbeiten eine regelrechte politische Theorie über die Erhabenheit des Königs.

Bild links:
Prophet in der westlichen Fensterrose, im 16. Jh. restauriert.

Folgende Doppelseite:
Engel in den Bögen des Weltgerichtsportals. Angesichts der Heilsszene, die sie betrachten, sind sie zugleich erstaunt, bewundernd und demütig.

Die Justizgewalt des Bischofs: Ist er Konkurrent oder Verbündeter des Königs?

Der Bischof ist in zweifacher Hinsicht Richter. In seiner Grundherrschaft übt er die hohe Gerichtsbarkeit ebenso aus wie die Grands Seigneurs der Stadt, und er ist zudem Richter in kirchlichen Angelegenheiten. Aus diesem Grund verfügt er über zwei verschiedene Gerichte: das Gericht der grundherrschaftlichen Justiz für Fälle, die sich aus seinen weltlichen Gütern ergeben, und das Offizialat, also das kirchliche Gericht, für Fälle aus dem geistlichen Bereich.
Als Grundherr kann der Bischof wie alle Grundherren, die die hohe Gerichtsbarkeit innehaben, die Todesstrafe verhängen. Im Unterschied zum König jedoch verfügt er in Paris und in der Banlieue über keinen Galgen, was ein Zeichen seiner Unterlegenheit ist. Aber er »weiß, wo er außerhalb der Banlieue von Paris hängen und verbrennen lassen kann«, und in Paris selbst kann er »verbannen und Ohren abschneiden lassen«. Die Galgen des Bischofs stehen in Saint-Cloud, das als außerhalb der Banlieue liegend gilt. Bei der Rechtsprechung unterstützen den Bischof ein Propst, ein Vogt und mehrere Sergeanten. Der Vogt hält drei Verhandlungen pro Woche ab und kümmert sich um die Polizei der Brotbacköfen, die dem Bischof gehören, und um die Polizei des Speckmarktes, der auf dem Vorplatz der Kathedrale abgehalten wird. Die grundherrschaftlichen Gefängnisse des Bischofs befinden sich im For-l'Evêque: die namentlich bekannten Kerker Les Marmousets (Die Seidenäffchen), La Souris (Die Maus), Le Lièvre (Der Hase) oder La Brune (Die Braune) sind berüchtigt, denn dort wird auch auf Folter zurückgegriffen. Das bischöfliche Offizialat, welches das der beiden Erzdiakone ergänzt,

BILD RECHTS:
Szene in einem Vierpass an der Außenmauer des Stephanusportals. Sie zeigt die Qual am Pranger, wobei der Schuldige in erhöhter Position dem Spott des Publikums ausgesetzt ist, das gekommen ist, um dieses Schauspiel mitzuerleben und die Schändlichkeit des Schuldigen zu verkünden.

urteilt über Straftaten, die von Klerikern begangen wurden, und über Fälle, in denen es um das Dogma oder die christliche Moral geht. Die Kleriker können sich gewalttätig zeigen und haben keine Scheu, auf den Straßen von Paris Waffen zu tragen. Werden sie in Schlägereien verwickelt, lassen sie Blut fließen. Das ist der häufigste Grund, wenn sie vor Gericht erscheinen müssen. Laien kommen vor allem vor Gericht, weil sie gegen die Regeln der Ehe verstoßen haben, sei es durch eine heimliche Heirat, wegen Bigamie oder wegen Ehebruchs. Die Urteile der Offizialate von Paris sind in der Regel sehr milde, auch in schweren Fällen wie Hexerei. Es geht meist um Geldstrafen oder Strafen in Form von Messen oder Wallfahrten, die von der Buße geprägt sind. Der Bischof darf in geistlichen Fällen ohnehin nicht zum Tod verurteilen, weil die Kirche kein Blut vergießen soll. Die schwersten Delikte führen dazu, dass der Schuldige an den Pranger gestellt wird, den der Bischof auf dem Vorplatz der Kathedrale, vor dem großen Portal von Notre-Dame besitzt. Schlimmstenfalls kann er eine lebenslängliche Gefängnisstrafe verhängen, was aber aufgrund der schwierigen Haftbedingungen in einem geschlossenen Verlies »bei Brot der Schmerzen und Wasser der Angst« tatsächlich der Härte der Todesstrafe gleichkommt. Diese Urteile sind selten und hängen meist mit besonderen politischen Umständen zusammen, in denen der Bischof auf die Forderung des Königs hin handelt. 1344 wird Henri de Malestroit, ein bretonischer Edelmann und Requetenmeister am Hof des Königs, der des Verrats angeklagt ist, als Diakon vor das Bischofsgericht gestellt. Er wird dazu verurteilt, drei Mal auf dem Vorplatz an den Pranger gestellt zu werden. Dem Spott der Menge ausgeliefert, wird er mit Dreck beworfen, und er wird, trotz Verbots durch die Richter, von Steinen getroffen, die ihn schwer verletzen. Er wird anschließend ins Gefängnis des Bischofs gebracht, wo er stirbt. 1416 wird Nicole d'Orgemont, Kanoniker von Notre-Dame und Rechnungsmeister, ein Bruder des ehemaligen Bischofs von Paris Pierre d'Orgemont (1384–1409), eines Komplotts überführt, durch das er die Stadt den Bourguignons ausliefern wollte. Er wird von der Justiz des Königs wegen Majestätsbeleidigung verurteilt und als Kleriker an das Kirchengericht ausgeliefert. Dieses beschließt, ihn in Anwesenheit einer großen Menschenmenge auf dem Schafott predigen zu lassen, der auf dem Vorplatz von Notre-Dame errichtet ist, und ihn anschließend lebenslänglich einzusperren. Die Kanoniker setzen sich dafür ein, dass er in die Gefängnisse des Bischofs nach Orléans gebracht wird. Diese sind jedoch ebenso fürchterlich wie die in Paris, und der Häftling stirbt dort sechs Monate später.

Ebenfalls an den Pranger auf dem Vorplatz der Kathedrale gestellt werden am 18. März 1314 Jacques de Molay, der Großmeister des Templerordens, und Geoffroy de Charnay, der Hofmeister der Normandie des Ordens, die bereits seit sieben Jahren im Gefängnis sitzen, bevor sie ihr Urteil vernehmen. Es ist eine lebenslange Gefängnisstrafe. Im Kerker widerrufen sie feierlich ihre Geständnisse und sagen: »Wir haben uns nicht der Dinge schuldig gemacht, die man uns vorwirft, aber wir sind schuldig, den Orden schändlich verraten zu haben, um unser Leben zu retten. Der Orden ist rein und heilig: die Geständnisse sind absurd, die Geständnisse sind gelogen.« Nachdem sich Unruhe erhebt und die Menge sich bereit zeigt, die beiden Männer zu retten, liefert der Bischof sie ohne

zu zögern dem weltlichen Arm der Justiz aus, der sie zum Tod auf dem Scheiterhaufen verurteilt. Dieser wird noch am selben Abend auf der Île aux Juifs, gegenüber dem Quai des Augustins errichtet.

Trotz dieser spektakulären Allianzen gibt es zwischen der Justiz des Bischofs und der Justiz des Königs Differenzen in der Rechtsprechung. Der Prévôt de Paris, der seinen Amtssitz im Châtelet hat, sieht eine Zunahme seiner Macht. Er beabsichtigt nun, die Justiz und die Polizei so zu kontrollieren, dass Paris zu einem vorbildlichen Ort wird. Er weitet den Amtsbereich des Königs in den Straßen der Hauptstadt zu Lasten der Grundherren und vor allem des Bischofs aus. Daraus resultieren zahlreiche Konflikte, denn um der als sehr hart geltenden Justiz des Königs zu entkommen, behaupten Verbrecher häufig, Kleriker zu sein, also der Justiz des Bischofs zu unterstehen. Gelten sie als unverbesserlich oder haben ein so schweres Verbrechen begangen, dass ihnen die Todesstrafe droht, kann der Prévôt sie hängen lassen. Der Bischof legt dagegen Widerspruch ein, und gelegentlich setzt er sich auch durch. So muss 1408 der Prévôt Guillaume de Tignonville eine beachtliche Geldstrafe zahlen, weil er zwei Kleriker unberechtigterweise hat hängen lassen. Mitte des 15. Jhs. wird der Prozess eines gewissen Philippe Calvet, eines ehemaligen Angehörigen des Heeres, der der Hexerei angeklagt ist, unter dem Vorwand vor das Parlament gebracht, es handle sich um ein gewaltiges Verbrechen und von Fällen dieser Art würde es nur so »wimmeln«, was den König entehren würde. Der Bischof beansprucht den Fall für sich. Der Fall wird im Keim erstickt. Der König ist also ein gefährlicher Konkurrent um die bischöflichen Privilegien geworden, weil es seine Aufgabe ist, seine Untertanen zu führen, und er daher ihr Verhalten kontrollieren will.

Bild links:
Steinigung und Kreuzigung sind verbotene Strafen. Diese Szene des Martyriums des hl. Stephanus am Südportal zeigt die Gewalt der Lynchjustiz, deren Ausübung den Tod billigend in Kauf nimmt. Der Heilige bleibt jedoch für den Schmerz unempfindlich.

Der König und Notre-Dame de Paris

Die Könige Frankreichs fühlen sich der Kathedrale verbunden, nehmen sich jedoch sehr vor der Macht des Bischofs und des Kapitels in Acht. Gekrönt und gesalbt werden sie in Reims. Nur der junge Heinrich VI. aus dem Hause Lancaster, nach dem Tod Karls VI. zum König bestimmt, wird am 16. Dezember 1431 in Notre-Dame gekrönt. Durch die Krönung an diesem Ort ist seine Macht jedoch zerbrechlich: Sein Rivale Karl VII. hat den Vorteil, am 17. Juli 1429 in der traditionellen Krönungskathedrale in Reims gekrönt worden zu sein, was als Beweis dafür gesehen wird, dass er der wahre König ist. Die Kathedrale von Saint-Denis ist die Grablege der französischen Könige. Seit dem 12. Jh. besitzt die zugehörige Abtei die königlichen Insignien: die Krone, das Zepter und die Hand der Justiz sowie die *»Oriflamme«*, die Kriegsfahne der Könige. Zwischen der Abtei von Saint-Denis und der Kathedrale von Paris gibt es viel Konfliktpotenzial. Dabei geht es unter anderem um den Besitz einer Reliquie – des Schädels des hl. Dionysius, den König Philipp II. August 1217 der Kathedrale übergeben hatte – zusammen mit Haaren Mariens, drei Zähnen von Johannes dem Täufer und Steinen von der Steinigung des hl. Stephanus. Die Kanoniker sagen, dass der Schädel gespalten wurde, während die Mönche der Abtei glauben, er sei enthauptet worden. Sie belegen das damit, dass der Schädel in ihrem Besitz komplett sei. 1406 beginnt ein langer Streit,

der 1410 durch einen Prozess beendet wird, dessen Ausgang leider nicht überliefert ist. Die Kanoniker, die bereit sind, dem Herzog von Berry ein Stück dieser besonderen Reliquie im Austausch gegen den kompletten Schädel des Apostels Philipp zu geben, werden von den Mönchen attackiert, die behaupten, das Schädelstück, das in Notre-Dame aufbewahrt wird, sei eine Fälschung. Sie gehen so weit, die Kathedrale anzugreifen und ihre Rivalen der Abgötterei zu beschuldigen. Mönche und Kanoniker suchen nach Textdokumenten, um ihre jeweiligen Behauptungen zu beweisen. In seiner Denkschrift macht das Kapitel von Notre-Dame, unterstützt von Bischof Pierre d'Orgemont, die Darstellung des hl. Dionysius am Marienportal geltend, wodurch es indirekt dazu beiträgt, äußerst wertvolle Angaben über die ursprüngliche Ikonographie des Eingangs zur Kathedrale zu machen. Wie es scheint, hat Viollet-le-Duc bei seiner Rekonstruktion diese nicht berücksichtigt, denn wie wir gesehen haben, ließ er den hl. Dionysius mit seinem kompletten abgeschlagenen Kopf darstellen, während der Heilige ursprünglich – laut der Denkschrift der Kanoniker – »seinen zur Hälfte aufgeschnittenen Kopf« trug und ihm zur Seite »die Bilder von Unserer lieben Frau, des hl. Stephanus und Johannes des Täufers zu sehen sind«. Diese Heiligen werden alle von einem König präsentiert, »Philippe le Conquérant«, dargestellt in jungen Jahren, da er bereits im vierzehnten Lebensjahr gekrönt wurde«. Bei den dargestellten Heiligen handelt es sich um diejenigen, deren Reliquien die Kathedrale dank König Philipp II. August im Jahr 1217 erhielt. Ihre ursprünglichen Statuen sind verschwunden, aber der

Bild links:
Die Kathedrale wird zu einem Spiegel für die Fürsten und Adligen. Hier wird die Feigheit durch einen Ritter illustriert, der, von einem Hasen erschreckt, flüchtet und dabei sein Schwert verliert, das seine Würde repräsentiert.

Bild rechts:
Die *Krönung Mariens* wird auch im Tympanon der Tür der Kanoniker dargestellt, die auch als Rote Tür bekannt ist. Diese Tür nutzten die Prälaten täglich, um in den Chor zu gelangen. Die knienden Personen sind wahrscheinlich Ludwig der Heilige links und seine Frau Margarete von der Provence rechts, die damit ihre Verbundenheit mit Unserer lieben Frau und mit der Kathedrale zeigen. Dieses ikonographische Programm, das vermutlich um 1260 von Pierre de Montreuil ausgeführt wurde, verbindet Kirche und Staat in dem gemeinsamen Willen, die Menschen zum Heil zu führen.

Skulpturenschmuck von Notre-Dame erinnert noch an diese Episode: Unter der Nische, in der die Statue von König Philipp II. August gestanden haben muss, die Viollet-le-Duc durch Kaiser Konstantin ersetzte, befindet sich ein kleines Basrelief, auf dem ein kniender König zu sehen ist, der zu Füßen einer sitzenden, verschleierten, gekrönten und von einem Heiligenschein umgebenen Frau, die ein Stück einer Palme oder eines Zepters in der Hand hält, ein langes Spruchband entrollt. Die Bedeutung der Darstellung ist klar: Das Spruchband zeigt die Urkunde der königlichen Schenkung der Reliquien 1217 für den Altarraum Mariens. Schließlich ist es möglich, dass die letzte dargestellte Person mit Tiara, jedoch ohne Heiligenschein – also ein nicht heilig gesprochener Papst – Alexander III. ist, der 1163 während seines Pariser Exils den Grundstein für die Kathedrale gelegt haben soll. In diesem Fall bestätigt das Marienportal durch diese implizite Bezugnahme auf die Jahre 1163 und 1217 für alle Ewigkeit und gegenüber konkurrierenden Kirchen das zweifache Andenken an die Gründung der Kathedralkirche sowohl durch einen Papst als auch durch einen König.

Mitte des 13. Jhs. schafft Ludwig der Heilige einen dritten konkurrierenden Ort im Zentrum der Cité. Er lässt für die Aufbewahrung der Reliquien der Leidenswerkzeuge die Sainte-Chapelle erbauen. Die nachfolgenden Könige zeigen diese Reliquien einmal pro Jahr persönlich dem Volk. Der Kathedrale gelingt es nicht, sich durchzusetzen. Liegt es daran, dass sie trotz ihrer Bemühungen letztlich nicht ausreichend viele und bedeutende Reliquien besitzt? Ihre wahre Anzahl ist nicht bekannt, da die Schatzkammer der Kathedrale während der Revolution vernichtet wurde. Im Übrigen verzeichnen die mittelalterlichen Inventarlisten von 1343 und 1416 vor allem die Priestergewänder und Juwelen, die bei mehreren Gelegenheiten schwanden, beispielsweise 1360, als mit ihnen das Lösegeld für König Johann bezahlt wurde, oder anlässlich der Rückkehr von König Karl VII. im Jahr 1436, denn die Kanoniker waren so umsichtig, sich von den Wertgegenständen zu trennen, die sie vom Herzog von Bedford erhalten hatten! Die beiden wichtigsten Heiligenschreine unter den Reliquien sind der von Maria und der des hl. Marcellus. 1416 wacht ein spezieller Aufseher über die wichtigsten Reliquien, nämlich die umstrittene Schädeldecke des

BILD INKS:
Dieser feierliche Einzug von Königin Isabella von Bayern, Ehefrau von König Karl VI., am 22. August 1289 in Paris, schmückt eine Handschrift der *Chroniques* von Jean Froissart. Die Königin und auch das Allerheiligste in der Monstranz werden durch einen Baldachin geschützt, den die Prälaten tragen. Zu sehen sind zudem die Sainte-Chapelle und Notre-Dame, die miteinander konkurrieren.

BILD RECHTS:
Dieser König, der sein Spruchband entrollt, dient derzeit der Statue des hl. Andreas am Weltgerichtsportal als Sockel. Die Präsenz von Königen Frankreichs bleibt in Notre-Dame sehr unauffällig. Die während der Revolution zerstörte Statue von König Philipp II. August wurde im 19. Jh. durch eine Statue von Kaiser Konstantin ersetzt.

hl. Dionysius, den Arm des hl. Simeon, den des hl. Andreas und ein kleines Silberkreuz, das einen Splitter des Wahren Kreuzes Christi enthält, den die Kathedrale seit 1108 dank des Kantors Ansel von der Grabeskirche in Jerusalem besitzt und »der täglich bei der Messe auf dem Hochaltar liegt«. Zahlreiche aus Gold geschmiedete Marienstatuen enthalten im Übrigen entweder Haare Mariens oder etwas Marienmilch. Ein Oberarmknochen der hl. Ursula, ein Finger des Apostels Thomas, eine Dorne aus der Dornenkrone Christi und ein Arm des hl. Blasius ergänzen diese Schätze, können jedoch nicht mit der Sainte-Chapelle konkurrieren, wo sich die gesamte Dornenkrone sowie die Schädel des hl. Blasius und des hl. Simeon befinden, was das Bauwerk zu einem riesigen Reliquienschrein werden lässt.

Konkurrenz bleibt auch weiter ein Thema. Die Krönung der Königinnen sorgt für Rivalitäten zwischen Saint-Denis und der Sainte-Chapelle, wobei Notre-Dame es erreicht, dass der feierliche Einzug der Königin in Paris, ebenso wie der Einzug der Könige, durch ein Gebet in der Kathedrale geprägt wird. 1389 jedoch scheint der Empfang der Stadt für Isabella von Bayern, der französischen Königin Isabeau de Bavière, die Zeremonie in der Kathedrale in den Schatten zu stellen. An den wichtigsten Kreuzungen sprudeln aus künstlichen Quellen Milch und Wein, während Schauspiele zu Themen der Heiligen Schrift massenhaft Zuschauer anziehen. Aus Anlass ihres freudigen Einzugs gewährt die Königin dem Bischof und dem Kapitel jedoch einige Privilegien, insbesondere im Bereich der Justiz. Der Prokurator des Königs im Parlament widersetzt sich jedoch unter dem Vorwand, diese Geschenke würden die Rechte des Königs verletzen. Es folgt ein langer Prozess, der mit einem Vergleich endet.

Bild links:
Kurz nach seinem Tod (1270) wurde König Ludwig IX. dargestellt, wie er die wertvollsten Reliquien anbetet, die in der Sainte-Chapelle aufbewahrt werden: die Dornenkrone und das Wahre Kreuz. Sein Gebet wird von den Mönchen und Brüdern des Bettelordens, die der Szene beiwohnen, als vorbildlich angesehen. Dies trägt dazu bei, dass Ludwig IX. im Jahr 1297 tatsächlich heilig gesprochen wird. So wurde aus ihm Ludwig der Heilige und ein politisches Vorbild.

Bild rechts:
Reliquiar von Ludwig dem Heiligen, Goldschmiedearbeit von Viollet-le-Duc. Zu den bedeutenden Reliquien der Kathedrale gehören die Dornenkrone, ein Splitter vom Wahren Kreuz und der Heilige Nagel, der auf Anordnung von Napoleon vom Kirchenschatz der Sainte-Chapelle 1804 nach Notre-Dame überführt wurde, nachdem die Kathedrale am 18. April 1802 wieder für die Religionsausübung freigegeben wurde.

Folgende Doppelseite:
Im Tympanon des Weltgerichtsportals wird dieser Soldat von den Toten auferweckt, um am Heilsgeschehen teilzuhaben. Warnend fragen die Kleriker die Ritter, die Opfer eines gewaltsamen Todes waren, ob sie gut auf den Tod vorbereitet seien.

Die Geschenke, welche die Könige der Kathedrale machen, belegen deren dortige Präsenz. Ab dem 14. Jh. werden sie in den Registern des Kapitels sorgfältig vermerkt. Dabei kann es sich um Geldsummen handeln, wie die von Ludwig VII. für die Gründung der Kathedrale, aber auch um Reliquiare oder um Reliquien, wie Philipp II. August sie 1217 schenkte.
Die Schenkung von Reliquien sind sichtbare Zeichen der königlichen Frömmigkeit. Bei den Kapetingern erfolgen solche Geschenke zu Gunsten der Kathedrale aber erst spät und sporadisch. Bis zum 12. Jh. begünstigen die Könige Saint-Denis. Erst unter der Regierung von König Philipp II. August wendet sich die Frömmigkeit der Herrscher auch Maria und der Kathedrale zu. Im Alter von vierzehn Jahren bricht Philippe zur Jagd im Wald von Compiègne auf und verirrt sich. Er empfiehlt sich Gott, der Jungfrau Maria und dem hl. Dionysius. Daraufhin taucht ein Köhler auf, der ihm den Weg zeigt und ihn damit rettet. Mariä Himmelfahrt wird für ihn nach diesem Erlebnis zu einem Fest der Dankbarkeit. Ludwig der Heilige (französisch Saint Louis), hingegen wird trotz seiner intensiven Marienverehrung kaum zu Gunsten der Kathedrale tätig. Man weiß lediglich, dass die Prozession anlässlich des Empfangs der Dornenkrone, an der er barfuß teilnimmt, in Notre-Dame Halt macht, bevor sie sich zur Sainte-Chapelle im Palast begibt, wo die bedeutende Reliquie ihren festen Platz findet. Vor seinem letzten Aufbruch zu einem Kreuzzug begibt er sich dann am 15. März 1270 im Pilgergewand in die Kathedrale Notre-Dame, um zu beten. Philipp der Schöne schenkt der Kathedrale, wohl nach seinem Sieg bei Mons-en-Pévèle am 18. März 1304 – einem Sieg, der die Niederlage zwei Jahre zuvor in Courtrai rächt – 300 Pariser Pfund Rente und eine bemalte Holzstatue, die einen Waffen tragenden König zu Pferd darstellt. Eine weitere Reiterstatue schenkt Philipp VI. nach seinem Sieg bei Cassel am 23. August 1328. Später schenkt derselbe König ein silbernes Marienbild, um die Heilung seines Sohnes Jean zu erbitten, dem künftigen Johann dem Guten. Diese Votivbilder werden gegenüber der Marienstatue aufgestellt, die am rechten Ende des Lettners steht. Sie zeigen, welchen Stellenwert die Kathedrale im Ausdruck der Frömmigkeit der Monarchen erhält, eine Bedeutung, die von der Abtei Saint-Denis anerkannt werden muss, als sie den Leichnam von Ludwig dem Heiligen mit der Kathedrale und der Sainte-Chapelle teilen muss, auch wenn Notre-Dame letztlich nur eine Rippe des heiligen Königs besitzt.
Die königliche Verehrung Unserer lieben Frau in der Kathedrale von Paris ist vor allem die Angelegenheit von Karl V. (1364–1380) und dann von Karl VI. (1380–1422). 1367 stiftet Karl V. zwei stille Messen pro Tag, sechs Hochämter pro Jahr am Hochaltar und eine siebte Messe, die feierlichste, am 21. Januar, dem Tag der hl. Agnes und seinem Geburtstag. Diese Messen werden von persönlichen Gebeten des Königs in der Kathedrale begleitet, außerdem von Spenden für die Kirchenverwaltung. Er betet, einen Sohn zu bekommen, und dieser Wunsch erfüllt sich am 3. Dezember 1368. In der Folgezeit begibt sich der König daher, um sein Gelübde zu erfüllen, an jedem ersten Sonntag im Advent in die Kathedrale Notre-Dame de Paris. Die Kanoniker errichten dann vor der Marienstatue einen Holzaltar, damit Karl V. dort, auf einem Schemel kniend und möglicherweise unter einem Baldachin, seinen religiösen

Bild rechts:
Die Schlacht von Formigny am 15. April 1450 vollendet die Rückeroberung der Normandie, die sich bereits durch den feierlichen Einzug von Karl VII. in Rouen am 10. November 1449 anbahnte. Die französischen Truppen werden von Jean de Clermont und dem Connétable de Richemont gegen die Engländer unter Kyriell befehligt. Die Buchmalerei stammt aus der Zeit dieses Ereignisses. Berichte darüber fanden weite Verbreitung.

Pflichten nachkommen kann. Neben großzügigen Almosen schenkt er der Kirchenverwaltung jedes Mal Geld und prächtige Gegenstände, liturgische Objekte aus Gold oder Silber, Altardecken, Reliquiare, wie das, in welchem »Haare Unserer lieben Frau, Knochen der hl. Agnes und der hl. Konstanze« enthalten sind. Diese Verehrung, die während der ersten Jahre der Regierungszeit von Karl VI. unterbrochen war, wird fortgeführt, als dieser 1392 seinen ersten Anfall von Wahnsinn hat. Der König dankt Maria für seine Heilung und wird am Sonntag, 1. Dezember 1392 feierlich in Notre-Dame de Paris empfangen. Die Marienglocke läutet während der gesamten Messe, die nicht nur vor dem Marienaltar, sondern auch im Chor gelesen wird. Es folgen prächtige und regelmäßige Geschenke, wobei die Wahnsinnsanfälle nur Unterbrechungen erfahren. Nach jedem Anfall kommt der König jedoch in die Kathedrale, um zum Dank zu beten.

Auch Karl VII. und Ludwig XI. vernachlässigen Notre-Dame de Paris nicht völlig, obgleich sich ihre Residenzen im Loire-Tal weit entfernt von der Hauptstadt befinden. Als Ludwig XI. am 12. Oktober 1467 der Stadt die Ehre seines Besuchs erweist, hört er die Abendmesse in Notre-Dame de Paris, was nicht verwunderlich ist, wenn man bedenkt, welche Verehrung er Maria entgegenbringt. Dann, »nachdem diese beendet war, erfolgte eine Prozession mit dem Bischof und den Kanonikern des genannten

Bild rechts:
Ein doppelter Chorumgang, der für die Liturgie der Prozessionen nötig war, fasst den Altarraum und den Chor ein. Entworfen wurde er 1160 vom ersten Architekten der Kathedrale. Er trägt ein Gewölbe aus diagonalen Bögen identischer Höhe, die auf massiven Pfeilern ruhen.

Ortes«, dann kehrte der König an seinen Hof zurück. Als weiteres günstiges Vorzeichen für das Königtum wird ein Stern gesehen, der am selben Abend dem König auf seinem Weg durch die Straßen folgt. Für den Chronisten und die Pariser verbanden sich damit der Himmel und der Klerus von Notre-Dame in der Ehrerbietung für den König.

Die Kathedrale und die politisch motivierten Prozessionen

Der Klerus von Notre-Dame hat den Auftrag, zahlreiche Prozessionen nach dem liturgischen Kalender zu organisieren. Damit kontrolliert die Kathedrale den städtischen Raum, bekräftigt ihre Macht über die anderen Kirchen und Klöster und sichert sich den Gehorsam der Gläubigen. Am Palmsonntag beispielsweise zieht, zum Gedenken an den Einzug Jesu in Jerusalem, eine Prozession von Sainte-Geneviève zur Notre-Dame. Beim Vorbeizug am Châtelet singen die Kanoniker der Kathedrale die Hymne *Gloria laus et honor*. Dann öffnet sich die Tür des Gefängnisses und ein Gefangener wird in die Freiheit entlassen. Auf dieselbe Weise kann das Kapitel anlässlich einer Prozession nach Saint-Martin-des-Champs in der Fastenzeit und am Tag der Überführung des hl. Martin zwei Gefangene freilassen. Weitere Prozessionen führen den Klerus der Kathedrale am 21. Juli, dem Tag des hl. Viktor, per Schiff zur Abtei Saint-Victor am linken Ufer der Seine und am 19. Juni, dem Tag der beiden Heiligen Gervasius und Protasius, nach Saint-Gervais, wo die Kanoniker Schafe und die Knaben des Kinderchors Kirschen erhalten. Gegen Ende des Mittelalters ist das Fronleichnamsfest Anlass für eine prachtvolle Prozession, bei der das Allerheiligste in einer Monstranz unter einem Baldachin getragen wird und die Menschenmenge Rosenblätter streut.

Zu diesen traditionellen Prozessionen kommen noch Sühneumzüge hinzu, um Gott, der Jungfrau Maria und den Heiligen dafür zu danken, dass sie die Wünsche der Gläubigen erfüllt haben, vor allem aber, um sie um Hilfe anzuflehen. Bei den Nöten kann es sich um Dürren oder Überschwemmungen, Pestepidemien oder Hungersnöte handeln, meist jedoch geht es darum, »Gott zu bitten, sein Volk vor einer Gefahr zu retten«. Dann nehmen die Prozessionen eine deutlich politische Färbung an. So geschieht es zwischen 1380 und 1422 mehr als einhundert Mal.

Am 30. August 1383, einem Sonntag, als der junge König Karl VI. von zwanzigtausend Soldaten begleitet aufbricht, um die Engländer aus Flandern zu vertreiben, veranstalten die Kanoniker eine Prozession, die sie bis zur Abtei Sainte-Geneviève führt. Anschließend kehren sie mit den Mönchen zur Notre-Dame zurück, um einer Predigt im Klosterbereich zuzuhören, der auch viele Pariser Bürger beiwohnen. Gegen Ende des Mittelalters, als Pestepidemien, Hungersnöte, Kriege und Religionsspaltungen immer häufiger vorkommen, werden die Prozessionen im Allgemeinen Sühneprozessionen, denn die Pariser suchen nach einer Erklärung für alle diese Geißeln. Die Kirche tröstet sie mit einem farbenfrohen Ritual, mit Gesängen und vielen Lichtern, und einer der wichtigen Auftraggeber dafür ist die Kathedrale Notre-Dame.

Gegen Ende des Mittelalters versammelt man sich in der Kathedrale, »um zu Gott für das Heil und den Wohlstand des Königs und des Königreichs zu beten«. Notre-Dame de

Am Sonntag fand eine sehr feierliche allgemeine Prozession statt, an diesem Tag regnete es so stark, dass der Regen während der gesamten Prozession nicht aufhörte, die hin und zurück gut vier Stunden dauerte. Die Seigneurs von Sainte-Geneviève wurden durch den Regen sehr behindert, denn sie waren alle barfuß. Insbesondere diejenigen, die den wertvollen Leichnam der heiligen Genoveva und des heiligen Marcellus trugen, hatten viel zu leiden, denn sie konnten sich auf dem rutschigen Pflaster kaum aufrecht halten und waren so durchnässt, als habe man sie in die Seine geworfen. Einige schwitzten auch stark, und von ihren Gesichtern tropfte der Schweiß, so schwer und mühsam war ihre Aufgabe. Es ist jedoch sicher, dass keiner von ihnen dadurch gequält, krank oder entmutigt wurde, und das scheint mir ein wahres Wunder der heiligen Frau Genoveva zu sein, die sich auf Grund ihrer Verdienste bei unserem Herrn einsetzen kann und sogar noch mehr tun kann, wie aus der heiligen Legende ersichtlich, die erzählt, wie sie mehrfach die gute Stadt Paris gerettet hat, einmal vor einer Hungersnot, ein anderes Mal vor ansteigendem Wasser und noch vor vielen weiteren Gefahren.

Feierliche Prozession vom 22. April 1436, beschrieben von einem anonymen zeitgenössischen Autor in seinem *Journal d'un bourgeois de Paris* (Tagebuch eines Pariser Bürgers).

Deus qui uni
genitũ tuũ dñm
nostrũ ihũ xpm
precioso sanguine humanũ
genus redimere dignatus es:
concede propici⁹ ut qui ad ado
randam vivificam crucem

de cabo
pulme
iet. ita
degloh
taciter
nobis
rabili c
passus
te mac
inte pa
honor
iet: et e
galliar
taliter
menta

Paris ist eng mit dem König verbunden, aber bei der königlichen Religionsausübung steht die Kathedrale nicht an der Spitze. Ursprünglicher ist die Bindung, die sie mit dem Königreich unterhält, und zwar in dem Maß, wie dieses eine solide politische Einheit ist. So behauptet sie, nun die Kathedrale aller Untertanen des Königs geworden zu sein. 1302 vereint sie diese symbolisch, da sich in ihrem Kirchenschiff die ersten Generalstände des Königreichs versammeln, die Philipp der Schöne zusammengerufen hat. Mitte des 15. Jhs. wird sie, als sie die Siege Karls VII. über die Engländer feiert, die Kathedrale der Rückeroberung des Königreichs. Allgemeine Prozessionen folgen schnell aufeinander, damit Rouen kapituliert und der König die Normandie wieder einnehmen kann. Die Prozession vom 13. Oktober 1449 vereint mehrere tausend Kinder im Alter zwischen sieben und zehn Jahren, Jungen und Mädchen, alle weiß gekleidet und mit einer brennenden Kerze in der Hand, während sich die Klänge zweier großer Glocken, Marie und Jacqueline, mit denen der Orgel und mit dem Gesang der Kinder und der Kantorei verbinden. Nach seinem Sieg in Formigny am 15. April 1450 beschließt Karl VII., dass alle Kathedralen des Königreichs die Rückgewinnung der Normandie feiern sollen, was in Notre-Dame am folgenden 12. August auf Anordnung von Bischof Guillaume Chartier erfolgt. Dieses Gedenken in Form von Prozessionen und einem *Te Deum* wird in Paris bis zur Revolution fortgeführt, es war wieder aufgelebt durch das Gelübde Ludwig XIII. gegenüber der Jungfrau Maria und das Fest des 15. Augusts. So wurde die Kathedrale von Paris zum Vorreiter eines ersten Versuchs, einen französischen Nationalfeiertag einzuführen.

Sicher, die Zeiten sind vorbei, als die Kanoniker in der Kirche bestattet wurden, als sie sorgfältig ihre heute verschwundenen Grabsteine wählten, als die Großen des Landes, Fürsten oder Bürger, sie gerne mit Reliquien und wertvollen Goldschmiedearbeiten bedachten. Aber in der Kathedrale ertönen noch immer Stimmen, die den feierlichen Rahmen ihres Schiffs gewählt haben, um sich Gehör zu verschaffen. Das gilt für die Mutter der Jeanne d'Arc, eine einfache Bäuerin, die sich 1455 um einen Rehabilitationsprozess bemüht, bis zu Bossuet, der hier 1687 die Grabrede für Louis II de Bourbon, Le Grand Condé, hält. Messen, Danksagungen, Rezitationen des *Te Deum* folgen aufeinander und finden dort ihren Platz, um bedeutende Ereignisse des Königreichs, später der Republik zu begleiten – alles Zeremonien, die die Kathedrale Notre-Dame de Paris mit der Geschichte Frankreichs verbinden.

Vorherige Seite:
Diese Prozession aus Klerikern und Prälaten, die ein Reliquiar tragen, betritt gerade Notre-Dame de Paris. Die Abbildung ziert ein Gebetsbuch für die Verwendung in der Diözese von Paris, das wahrscheinlich für den Sohn von König Karl VI., Louis de Valois, Duc de Guyenne, bestimmt war. Dieser starb 1415.

Bild rechts:
Blick auf das Chorhaupt von Notre-Dame vom linken Seine-Ufer aus.

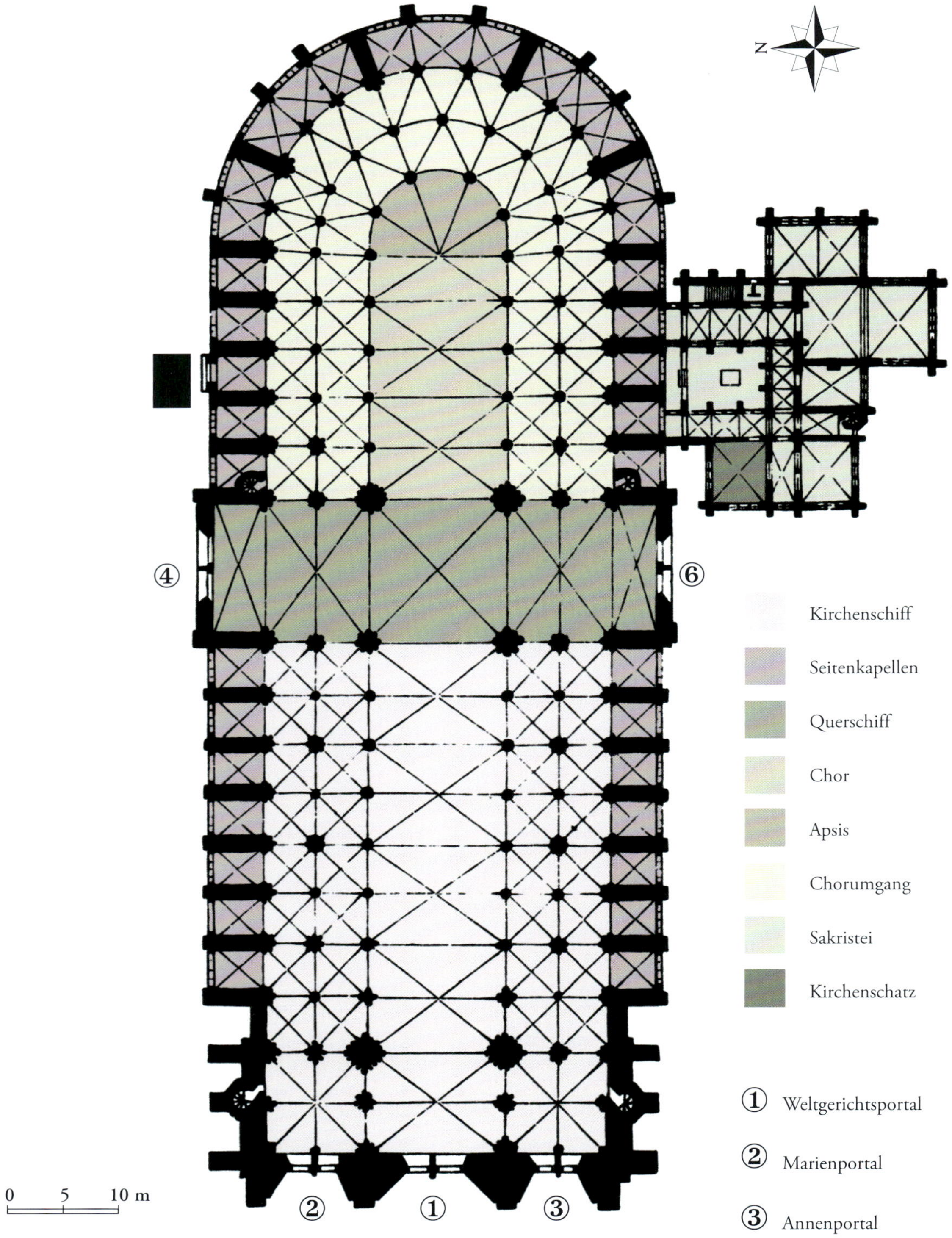

Grundriss der Kathedrale Notre-Dame aus dem *Dictionnaire raisonné de l'architecture* (Ausführliches Wörterbuch der französischen Architektur im 11.–16. Jh.) von Viollet-le-Duc, 1854–1868

Glossar

Abt: Vorsteher eines Klosters, das Abtei genannt wird.

Almutie: Ein Schulterkragen mit Kapuze, normalerweise pelzgefüttert.

Apokalypse: Die biblische Offenbarung über das Jüngste Gericht und die Ankunft des Reiches Gottes, der ein Kampf gegen den Antichrist vorausgeht.

Apostel: Die zwölf Jünger, die von Jesus den Auftrag hatten, das Evangelium zu predigen. Diese sind Simon (genannt Petrus), Andreas, Jakobus, Johannes, Philippus, Bartholomäus, Matthäus, Thomas, Jakobus (Sohn des Alphäus), Judas (Sohn des Jakobus) und Judas Iskariot (der Jünger, der Jesus verrät).

Apsis: Der Abschluss des Chors einer Kirche.

Ars nova: Löst die *Ars antiqua* ab und bezeichnet die gesamte Musik des 14. Jhs. Die Neuerungen betreffen vor allem die Notation des Rhythmus, denn dem System der Dreiteilung der Notenwerte fügt man nun eine zweizeitige Teilung hinzu und die Musikstücke erreichen dadurch große Komplexität.

Bettelorden: Religiöse Ordensgemeinschaften, die im 13. Jh. gegründet wurden. Ihre Mitglieder sind Brüder, die in einem Konvent zusammenleben und sich in der Stadt niederlassen, um dort predigen. Die wichtigsten Bettelorden sind die Dominikaner, die Franziskaner, die Karmeliter und die Augustiner.

Bibel: Heilige Schrift, die das Alte und das Neue Testament enthält.

Bischof: Mitglied des Säkularklerus mit bedeutenden Pfründen, der eine Diözese leitet. Er verfügt über die Befugnisse des Priesteramts, und die Seelsorge und die Priesterweihe gehören zu seinen Aufgaben.

Bruderschaft: Gemeinschaft, deren Mitglieder sich »Brüder« nennen, sich untereinander helfen und gemeinsame religiöse Feiern entwickeln.

Bulle: Päpstliches Dekret, dessen Authentizität durch die *bulla*, das Siegel der päpstlichen Kanzlei, bestätigt wird. Der Name einer Bulle entspricht den ersten Worte ihres Textes.

Bürger (Bourgeois): Stadtbewohner, der in den Bürgerstand erhoben ist.

Chimäre: Fantasieungeheuer, das eine Kreuzung von Mensch und Tier oder verschiedener Tiere ist. Chimärendarstellungen sind als Schmuckelemente, insbesondere an Wasserspeiern, beliebt.

Chor: Teil der Kirche zwischen Querschiff und Apsis, der dem Klerus vorbehalten ist.

Chorhaupt: Abschluss des Chors in Form der Apsis. Im weiteren Sinn werden damit alle Bauten bezeichnet, die sich jenseits des Querschiffs an der Ostseite der Kirche befinden.

Chorumgang: Um den Chor angelegter Umgang, der zu den Seitenschiffen führt.

Chronik: Historischer Ereignisbericht in chronologischer Reihenfolge.

Collège: Universitätsstiftung für arme Studenten.

Decretum oder kanonisches Recht: Kirchenrecht, das in einer Werksammlung niedergeschrieben ist. Das Decretum wurde 1140 von Gratian verfasst, um 1230 folgten die Decretales von Gregor IX., ab dem 14. Jh. dann Liber Sextus, Clementinae und Extravagantes.

Denier: Münze, die im Verhältnis zur Gewichtseinheit Livre (Pfund) und im Verhältnis zur Recheneinheit Sou definiert wird. Ein Pfund = 20 Sous = 240 Deniers.

Empore: Etage über den Seitenschiffen, häufig mit statischer Funktion für die Ableitung des Schubs aus der Dachkonstruktion.

Erzdiakon: Kirchlicher Würdenträger, der im Namen des Bischofs die Gerichtsbarkeit ausübt.

Exkommunikation: Urteil, das einen Christen vom Abendmahl der Gläubigen ausschließt und es ihm verbietet, in geweihter Erde bestattet zu werden.

Fensterrose: Kreisrundes Fenster aus Buntglas, das im Aufbau einer Rosenblüte ähnelt.

Gerichtlicher Zweikampf: Beweissuche nach Art eines Gottesurteils, bei dem sich die Protagonisten bewaffnet gegenüberstehen.

Gerichtsbarkeit: Man unterscheidet die Hohe Gerichtsbarkeit, die über schwere Fälle urteilt und hohe Geldstrafen, Verbannung oder Todesstrafe (Blutjustiz) nach sich ziehen kann, und die Niedere Gerichtsbarkeit, die über Delikte urteilt, die zu Geldstrafen unter 60 Sous führen.

Gewölbe: Vom Halbzylinder abgeleitetes Mauerwerk, das eine Fläche zwischen zwei Wänden abdeckt. Man unterscheidet das Tonnengewölbe oder Rundgewölbe, das für die Romanik typisch war, und das Spitzgewölbe oder die Spitztonne, wie es für die Gotik typisch war. Das Kreuzrippengewölbe besteht aus zwei diagonalen steinernen Gewölberippen, die sich in der Mitte kreuzen.

Hagiographie: Beschreibung des Lebens Heiliger.

Horen: Stundengebete, die von den Mönchen und Kanonikern in Form eines gesungenen Gottesdienstes gefeiert werden und den Tag unterteilen in Matutin (vor Tagesanbruch), Laudes (Morgenlob), Prim (zur ersten Stunde, also gegen 6 Uhr), Terz (gegen 9 Uhr), Sext (gegen 12 Uhr), Non (gegen 15 Uhr), Vesper (gegen 17 Uhr) und Kompleten (am Ende des Tages). Sie werden in Stundenbüchern zusammengefasst, die auch von Laien zum Gebet genutzt werden können.

Hôtel-Dieu: Der Kathedrale unterstelltes Hospital, das Kranke, Reisende und Pilger aufnimmt.

Immunität: Privileg, auf Grund dessen ein kirchliches Gebiet der Autorität von Laienvertretern entzogen ist, insbesondere in den Bereichen Justiz und Finanzen.

Kanoniker: Mitglieder einer Gemeinschaft, die als Kapitel bezeichnet wird. Man unterscheidet Säkularkanoniker, die zum Kapitel der Kathedrale gehören und die Aufgabe haben, den Bischof bei der Feier der Gottesdienste zu unterstützen und die Kathedrale zu verwalten, und Regularkanoniker, die nach einer Ordensregel leben, im Allgemeinen der des hl. Augustinus, wie beispielsweise die Kanoniker der Abteien Sainte-Geneviève oder Saint-Victor in Paris.

Kantor: Würdenträger des Kapitels, der für die Gesänge zuständig ist.

Kanzler: Der Leiter des Kanzleramts. In der Kathedrale eine kanonische Würde, dessen Verantwortlicher für die Schulen und für die Ausstellung der Lehrlizenz zuständig ist. In Paris ist der Kanzler der Universität ein Würdenträger des Kapitels und der Repräsentant der kirchlichen Autorität. Er hat den Vorsitz im Prüfungsausschuss und verleiht die Dienstgrade.

Kanzleramt: Organ, das die Aufgabe hat, Urkunden zu verfassen und zu authentifizieren.

Kapitel: Die Gemeinschaft der Kanoniker.

Kapitelldeckplatte: Oberer Teil des Kapitells, der das Gesims trägt.

Kaplan: Kleriker, der eine Kapelle betreut. Er muss nicht zwangsläufig Priester sein.

Kardinal: Titel der unmittelbaren Mitarbeiter des Papstes, die seit dem 11. Jh. die Aufgabe haben, diesen zu wählen, und die seit dem 13. Jh. das Heilige Kardinalskollegium bilden (20–30 Mitglieder).

Katharer: Häretiker, die seit dem 12. Jh. glauben, die Welt gründe sich auf zwei antithetische Prinzipien, das Böse, das alles Materielle hervorbringt, und das Gute, aus dem das Spirituelle hervorgeht.

Kathedrale: Kirche oder Sitz des Bischofs und Hauptkirche der Diözese.

Kirchenväter: Bezeichnung für herausragende Persönlichkeiten der frühen Christenheit, die sich durch die Heiligkeit ihres Lebens auszeichneten. Im Abendland waren die wichtigsten Kirchenväter die Heiligen Ambrosius, Augustinus, Hieronymus, Gregor der Große, Isidor von Sevilla und Bernhard von Clairvaux.

Kirchenverwaltung: Gruppe von Klerikern und Laien, die mit der Instandhaltung der kirchlichen Gebäude der Pfarrei beauftragt sind.

Kirchliche Rangordnung: Man unterscheidet vier Ämter niederer Weihen (Portier, Lektor, Exorzist und Akolyth) und drei Ämter höherer Weihen (Subdiakon, Diakon und Priester).

Kleriker: Jede Person, die die Tonsur erhalten hat, grundsätzlich eine klerikale Position einnimmt, die nicht unbedingt ein Kirchenamt sein muss, und Privilegien in Zusammenhang mit der klerikalen Position genießt. Nicht für alle Kleriker gilt das Zölibat, es gibt Kleriker, die verheiratet sind.

Klerus: Gesamtheit der Kleriker, die ein Amt in der Kirche ausüben. Nicht alle Kleriker sind Mitglieder des Klerus. Man unterscheidet den Säkularklerus, der weltlich lebt (Bischöfe, Kanoniker, Pfarrer, Kaplane etc.) und den Regularklerus, der nach einer Ordensregel lebt.

Königshof: Er wurde gebildet aus dem Umfeld des Königs und seinen Beamten und spaltete sich im 13. Jh. in fachbezogene Organe auf: den Rat, die Rechnungskammer und das Parlament.

Konzil: Versammlung der Bischöfe, die das kirchliche Leben organisiert. Im Rahmen der Diözese oder Kirchenprovinz heißt das Konzil Synode.

Krabbe: Ornament eines Kapitells.

Kreuzblume: Skulptiere Verzierung oben auf einem spitzen Bauteil.

Krönung und Salbung: Zeremonie, während der der König die Krone und die königlichen Attribute erhält, insbesondere das Zepter und die Hand der Justiz. Zudem wird er mit geweihtem Öl gesalbt, was ihm religiöse Bedeutung verleiht.

Kurie: Gesamtheit der zentralen Leitungs- und Verwaltungsorgane des Papsttums.

Lehen: Ein Stück Land, aus dem der Grundherr Einkünfte bezieht, in erster Linie den Zehnt, der jährlich in Naturalien oder durch Geld bezahlt wird.

Lettner: Schranke, die das Kirchenschiff vom Chor trennt.

Mönch: Kleriker, der in einer Gemeinschaft in einem Kloster lebt, wo er die Ordensregeln befolgt. Die wichtigste klösterliche Ordensregel ist die des hl. Benedikt, der die Cluniazenser und die Zisterzienser folgen.

Motette: Mehrstimmige Vokalmusik, die Ende des 12. Jhs. mit der Entwicklung der polyphonen Musik auftaucht und zunehmend komplexer wird.

Mysterienspiel: Liturgisches Theaterstück mit sehr vielen Mitwirkenden, das anlässlich religiöser Feste und im Rahmen einer Zunft oder einer Bruderschaft von Laien aufgeführt wird. Im 15. Jh. gab es zahlreiche

Mysterienspiele. Sie stehen in der Tradition kürzerer Stücke, wie etwa die Spiele und Mirakelspiele des 13.–14. Jhs. (zum Beispiel *Jeu de la feuillée* von Adam de la Halle, *Miracle de Théophile* von Rutebeuf), und widmen sich insbesondere der Passion und dem Leben der Heiligen.

Offizialat: Gericht des Bischofs, das über kirchliche Angelegenheiten entscheidet.

Parlament: Organ des königlichen Hofes, das sich Ende des 13. Jhs. auf die Gerichtsbarkeit spezialisiert hat. Seine Zusammensetzung wurde 1345 durch eine Verordnung festgelegt und umfasst Kleriker und Laien. Es ist das Berufungsgericht für das gesamte Königreich.

Patriarchen: Bezeichnung der Familienoberhäupter, deren Leben im Alten Testament beschrieben ist, wie beispielsweise Moses und Abraham.

Pfarrei: Kirchlicher Bezirk der Diözese, geleitet von einem Pfarrer.

Pfarrer: Kleriker, der ein Priester sein muss und im Rahmen der Pfarrei mit der Seelsorge betraut ist.

Pfründe: Allgemein eine Liegenschaft, die jemand im Tausch gegen Dienstleistungen erhält. In der Kirche eine kirchliche Aufgabe, die mit Gütern und Einkünften verbunden ist, welche die Präbende (Pfründe) bilden. Man unterscheidet bedeutende Pfründe (Bistum und Abbatiat) und unbedeutende Pfründe (Kanonikat, Pfarrstelle, Amt eines Kaplans etc.).

Polyphonie: Bei der polyphonen Vokalmusik, die in musiktheoretischen Schriften ab dem 9. Jh. erwähnt wird, wird der Melodiestimme, die im Tenor liegt, eine zweite Stimme in der Quinte, dann auch in der Quarte und Oktave hinzugefügt. Man bezeichnet diese Kompositionen als Organa.

Prévôt de Paris: Der Leiter des administrativen Bezirks von Paris, der Prévôté. Er wird direkt vom König ernannt, und seine Machtbefugnisse betreffen die Gerichtsbarkeit, die Verwaltung und die Finanzen.

Priorat: Religiöse Gemeinschaft, die nicht von einem Abt, sondern von einem Prior geleitet wird.

Prophet: Mann, der im Alten Testament seine Weisungen von Gott erhält, im Namen Gottes spricht und insbesondere das Kommen des Heilands ankündigt. Jesaja, Jeremias, Ezechiel und Daniel sind Propheten.

Querschiff: Quer liegender Teil einer Kirche mit Kreuzgrundriss.

Rankenornament: Pflanzliches Schmuckmotiv, in Stein gehauen oder gemalt.

Regale: Das Recht des Königs, die Einkünfte aus bestimmten kirchlichen Pfründen zu vereinnahmen, wenn diese vakant sind.

Reliquien: Überreste eines Heiligen, die in einem Reliquiar aufbewahrt werden. Es kann sich um Knochen oder Objekte handeln, die dem Heiligen zugehörten. Reliquien sind Gegenstand großer Verehrung und auch wichtige Handelsobjekte.

Sakristei: Anbau der Kirche, wo die liturgischen Gewänder und Gegenstände verwahrt werden.

Scholastik: Methode der Argumentation, die sich auf die Logik gründet und auf das kritische Studium von Texten angewandt wird. Die Lehre der Scholastik entwickelt sich in der Schule der Kathedrale Notre-Dame de Paris ab dem 12. Jh.

Schwur: Feierliches, öffentlich auf ein heiliges Objekt geleistetes Versprechen, für das die schwörende Person mit Leib und Leben geradesteht.

Sechsteiliges Gewölbe: Gewölbe, das aus drei Spitzbögen besteht, mit denen ein quadratisches Joch überwölbt werden kann.

Seigneur: Der Begriff hat zwei Bedeutungen: Er bezeichnet eine Person, die einem Vasallen übergeordnet ist, und die Person des Grundherrn, der im Rahmen der Grundherrschaft die Verfügungsgewalt über sein Land und die dort lebenden und arbeitenden Menschen besitzt.

Seitenschiffe: Das Mittelschiff begleitende Schiffe mit geringerer Höhe. Das Mittelschiff von Notre-Dame de Paris hat vier Seitenschiffe.

Seraphim: Engel im höchsten Rang der himmlischen Hierarchie mit drei Flügelpaaren. Seine Aufgabe ist das Gotteslob.

Sergeant: Person mit dem Auftrag, Anordnungen der grundherrschaftlichen oder königlichen Verwaltung ausführen zu lassen.

Sieben freie Künste: Gruppe von sieben Fächern, die an der Artistenfakultät gelehrt werden. Man unterscheidet zwei Gruppen: das Trivium (Grammatik, Rhetorik, Dialektik) und das Quadrivium (Arithmetik, Geometrie, Astronomie, Musik).

Strebebogen: An eine Außenwand angesetzter Steinbogen, der sich auf einen Strebepfeiler stützt. Er hat die Funktion, die Schubkraft der Gewölbe nach unten abzuleiten.

Strebepfeiler: Pfeiler oder Vorsprung, der eine Mauer verstärkt.

Totenregister: Register der Wohltäter einer Kirche. Der Jahrestag ihres Todes soll feierlich begangen werden.

Traufe: Dachrinne.

Trumeau: Mittelpfeiler, der einen Türsturz in der Mitte stützt.

Tympanon: Häufig mit Skulpturenschmuck versehene Fläche zwischen dem Türsturz und dem Bogen eines Portals. Auch Bogenfeld genannt.

Universität: Allgemeiner Begriff zur Bezeichnung einer Zusammenlegung von Menschen, die sich durch Statuten zusammenschließen und in dieser Eigenschaft Privilegien erhalten wollen. Ab dem 13. Jh. wird der Begriff vor allem auf den Zusammenschluss von Professoren und Studenten und im weiteren Sinn auf das Studienzentrum selbst angewandt.

Vasall: Mann, der durch Ehrerbietung einem Seigneur verbunden ist und von diesem Seigneur Güter erhält, die Lehen genannt werden.

Votivtafel: Objekt, das zum Dank für einen erfüllten Wunsch in einer Kirche niedergelegt wird.

Wasserspeier: Ein Monster, das Regenwasser durch sein Maul vom Gemäuer weg ableitet.

Widerlager: Vertikales Mauerwerk über dem Strebepfeiler, das die Schubkraft der Strebebögen auffängt.

Wimperg: Durchbrochenes und verziertes Giebeldreieck aus Stein über einem Gewölbe, Fenstern oder Türen.

Zisterzienser: Benediktinermönche, die der Ordensregel des hl. Benediktus folgen und dem Zisterzienserorden angehören, den Robert de Molesme 1098 gründete und der im 12. Jh. durch den hl. Bernhard weit verbreitet wurde.

Zivilrecht: Römisches Recht, das um 534 auf Anordnung des byzantinischen Kaisers Justinian zusammengestellt wurde, bestehend aus Codex, Digesten, Institutionen und Novellen, und das ab dem 11. Jh. im Abendland Anwendung fand.

Zunft: Zusammenschluss von Handwerkern einer Berufsgruppe. Einer Zunft gehören die Meister, die als Lohnarbeiter tätigen Gesellen und die Lehrlinge an.

Bibliografie

Marcel Aubert, *La cathédrale Notre-Dame de Paris*, Paris: Firmin-Didot 1945

John W. Baldwin, *Paris 1200*, »La forme de l'église selon Pierre de Roissy«, Paris: Aubier 2006, S. 243–244

Jérôme Baschet, *La chrétienté médiévale. Représentations et pratiques sociales*, »Le Jeu d'Adam« (übersetzt aus dem Anglo-Normannischen), Paris, »La documentation française«, Dossier 8047 der fotografischen Dokumentation, 2005, S. 39

Nicole Bériou, *L'avènement des maîtres de la parole. La prédication à Paris au XIIIe siècle*, »Sermon de Maurice de Sully«, (Übersetzung, 2 Bände, Paris, Institut d'Études augustiniennes, 1998, S. 27

Thierry Crépin-Leblond, *Paris. La cathédrale Notre-Dame*, Paris: Éditions du patrimoine, Cathédrales de France, 2000

Georges Duby, *Le temps des cathédrales. L'art et la société (980–1420)*, Paris, Gallimard 1976

Alain Erlande-Brandenburg, *Notre-Dame de Paris*, Paris: Nathan/CNMHS 1991

Alain Erlande-Brandenburg, *La Cathédrale*, Paris: Fayard 1989

Alain Erlande-Brandenburg, *Quand les cathédrales étaient peintes*, Paris: Gallimard »Découvertes« 1993
Claude Gauvard, *La France au Moyen Âge, V^e^-XVe siècle*, nouvelle édition, Paris: PUF Quadrige 2004

Claude Gauvard, Alain De Libera, Michel Zink (Hg.), *Dictionnaire du Moyen Âge*, Paris: PUF 2002

Dominique Iogna-Prat, *La Maison Dieu. Une histoire monumentale de l'Église au Moyen Âge*, Paris: Seuil 2006

Emile Mâle, *L'art religieux du XIIIe siècle en France*, 2 Bände, Paris: Livre de poche 1969

Simone Roux, *Paris au Moyen Âge*, Paris: Hachette 2003

Bildnachweis

Alle Fotos, die im vorliegenden Buch veröffentlicht werden, wurden von Joël Laiter aufgenommen.

Aufstellung und Nachweis der Illustrationen:

AKG-images
Der Bischof von Paris segnet den Markt von Lendit, 1450, Buchmalerei, Bibliothèque nationale de France, Ms. lat. 962, fol. 264 (S. 87)
Der Markt von Lendit, Buchmalerei (S. 132)
Jan van Eyck, *Madone van der Paele*, 1436, Öl auf Holz, Brügge, Groeningemuseum (S. 141, © Erich Lessing)
Initiale D, 1350, Buchmalerei aus einem Brevier, London, British Library, Ms. Harley 4664, fol. 145v (S. 158, © British Library)
»Einzug von Isabella von Bayern in Paris«, 1450, Buchmalerei aus *Chroniques* von Jean Froissart, London, British Library, Ms. Harley 4379, fol. 3 (S. 220)
»Schlacht von Formigny«, 1450, Buchmalerei aus *Chroniques de Charles VII* von Jean Chartier genannt Gerson, Paris, Bibliothèque nationale de France, Ms. fr. 2691, fol. 183 (S. 227, © Jérôme da Cunha)

Bibliothèque municipale de Dijon
»Der Turmbau zu Babel«, um 1260–1270, Buchmalerei aus *Histoire ancienne jusqu'à César*, ms. 0562, fol. 009 (S. 58, © F. Perrodin)

Bibliothèque nationale de France, Handschriftenabteilung
Jean Fouquet, »Der Bau von Salomons Tempel in Jerusalem«, 1475, Buchmalerei aus *Antiquités hébraïques (Antiquitatum Iudaicarum)* von Flavius Josephus, Ms. fr. 247, fol. 163 (S. 55)
Werkstatt des Meisters von Rohan, »Die Weinlese«, um 1430, Buchmalerei aus *Heures de Rohan*, Lat. 9471, fol. 14v (S. 176)

The Bridgeman Art Library
»Die Drachen speien Frösche aus«, Detail der *Tapisserie de l'Apocalypse*, Angers, Musée des Tapisseries (S. 35)
Karte von Paris, um 1572, Kupferstich aus *Civitates Orbis Terrarum* von Georg Braun

und Frans Hogenberg, nach Joris Hoefnagel, The Stapleton Collection (S. 57)
Enguerrand Quarton, *Die Krönung Mariens*, 1453, Öl auf Holz, Villeneuve-lès-Avignon, Hospice (S. 108)
Jean Colombe, »Höllenqualen«, 1469, Buchmalerei aus *Livre d'Heures de Louis d'Orléans*, Sankt Petersburg, Nationalbibliothek, Ms Lat. Q.v.I.126, fol. 74 (S. 117)
»Der Bau der Abtei Sainte-Geneviève«, 1270, Buchmalerei aus *Censier de Sainte-Geneviève*, Paris, Centre historique des Archives nationales, Ms 1626/1, fol. 20 (S. 124)
Rogier van der Weyden, *Die sieben Sakramente*, um 1445–1450, Öl auf Holz, Anvers, Koninklijk Museum voor schone Kunsten (S. 181)
Jean Gerson, *Spiegel der Demut*, 1462, Buchmalerei, Valenciennes, Bibliothèque municipale, Ms. 240, fol. 247 (S. 193)
Jean Fouquet, *Der hl. Veranus treibt einem Besessenen in der Kathedrale Notre-Dame de Paris den Teufel aus*, 1452–1460, Paris, Musée Marmottan (S. 197)
»Jean Gerson predigt über die Passion«, um 1480, Buchmalerei aus *Sermons sur la Passion et traités divers*, Valenciennes, Bibliothèque municipale, Ms. 230, fol. 25 (S. 206)

Centre des monuments nationaux
Westfassade am Nordturm, obere Balustrade (S. 14)
Kleine Wasserspeier, von E.-E. Viollet-le-Duc (S. 16, © Patrick Cadet)
Marienstatue, um 1854, Fotografie wird Mestral zugeschrieben (S. 24, © Patrick Cadet)
Detail der Fensterrose, aus *Projet de restauration de Notre-Dame de Paris*, von E.-E. Viollet-le-Duc und J.-B. Lassus, 1843, Tafel 32 (S. 32, © Patrick Cadet)
Projekt des Dachreiters, von E.-E. Viollet-le-Duc (S. 38, © Philippe Berthé)
Projekt der Restaurierung der Fassade von Notre-Dame, aus *Projet de restauration de Notre-Dame de Paris*, von E.-E. Viollet-le-Duc und J.-B. Lassus, 1843 (S. 39, © Patrick Cadet)
Erfassung des Weltgerichtsportals, von E.-E. Viollet-le-Duc (S. 40, © Patrick Cadet)
Wasserspeier der Chorkapellen, von E.-E. Viollet-le-Duc (S. 92, © Patrick Cadet)
Marienportal, Foto von Louis-Auguste und Auguste-Rosalie Bisson, aus *Projet de restauration de Notre-Dame de Paris*, von E.-E. Viollet-le-Duc und J.-B. Lassus, 1843 (S. 127, © Patrick Cadet)

Médiathèque Équinoxe de Châteauroux
»Der heilige Dionysius predigt in Paris«, um 1414, Buchmalerei aus *Bréviaire à l'usage de Paris*, von Maître de Bedford und Maître de Boucicaut, ms. 0002, fol. 367v (S. 123, © Philippe Fuzeau)
»Prozession mit dem Kreuz von Anseau nach Notre-Dame«, um 1414, Buchmalerei aus dem *Bréviaire à l'usage de Paris*, von Maître de Bedford und Maître de Boucicaut, ms. 0002, fol. 265 (S. 231, © Philippe Fuzeau)

The Metropolitan Museum of New York
Jean Fouquet, »Der Heilige Geist kommt herab«, Buchmalerei aus *Heures d'Étienne Chevalier*, Sammlung Robert Lehmann, 1975, inv. 1975.1.2490 (S. 84, © 1984 The Metropolitan Museum of Art)

Réunion des musées nationaux
Südseite der Kathedrale Notre-Dame de Paris, um 1857, fotografiert von Louis-Auguste und Auguste-Rosalie Bisson, (S. 22–23, © René-Gabriel Ojéda)
»Ein Bischof feiert die Messe und nimmt vor den Mönchen, Kanonikern und Priestern die Hostie aus der Monstranz«, um 1490, Buchmalerei aus *Livre de bonnes moeurs* von Jacques Legrand, Chantilly, Musée Condé (S. 139, © René-Gabriel Ojéda)
Livre des statuts du Collège de Hobant, 1387, Handschrift, Paris, Musée de l'Histoire de France (S. 166, © Bulloz)

Rue des Archives
»Ludwig IX. betet die Reliquien an«, um 1330–1340, Buchmalerei aus *Vie et miracle de saint Louis* von Guillaume de Saint-Pathus, Paris, Bibliothèque nationale de France, Ms. fr. 5716, fol. 67 (S. 222)

Dank

Die Autoren und der Herausgeber bedanken sich bei folgenden Personen:
Msgr André Vingt-Trois, Erzbischof von Paris, Frau Michelle Blanc, Abteilung für Kommunikation der Kathedrale Notre-Dame, Frau Dominique Daura, Leiterin der Abteilung für staatseigene Angelegenheiten im Centre des monuments nationaux, Frau Jacqueline Maillé, Administratorin der Türme von Notre-Dame und der Kathedralbasilika Saint-Denis, und ihre Assistentin, Frau Véronique Le Hen, Frau Dominique Herla-Douçot, Architektin der Bauwerke Frankreichs und Konservatorin der Kathedrale Notre-Dame, Frau Taburet-Delahaye, Direktorin des Musée du Moyen Âge, die uns alle Zutritt zu den fotografierten Örtlichkeiten gewährt haben.

Frau Annick Chalvignac in der Stadtbibliothek von Dijon und Frau Dominique Potard, Leiterin der Médiathèque Équinoxe von Châteauroux, für die freundliche Leihgabe ihrer fotografierten Dokumente.

Frau Dominique Séridji, Leiterin Publikation und Verbreitung am Centre des monuments nationaux, für ihren Empfang und ihren Rat.
Joël Laiter bedankt sich ganz besonders bei:
Nello Zoppé von den Nikon Professional Services sowie Denis Vinson und Nicolas Bruant für die Leihgabe von Fotomaterial, Arnaud Billault für seine kompetente Beratung, Michelle Blanc für die freundliche Zusammenarbeit, Quentin Coche, der ihn mit großer Geduld auf den Dächern von Notre-Dame begleitet hat, und bei Jean-Daniel Laiter für die liebevolle logistische Unterstützung.

ISBN 978-3-8094-4176-2

1. Auflage

Die französische Originalausgabe erschien unter dem Titel *Notre-Dame de Paris – cathédrale médiévale*

Redaktionsleitung, Fachlektorat und ikonografische Ergänzungen Originalausgabe: Emmanuelle Gaillard

Fotos: Joël Laiter
Fotogravur: Planète Graphique pour les documents d'archives

Projektleitung: Dr. Iris Hahner
Producing: SAW Communications, Redaktionsbüro Dr. Sabine A. Werner, Mainz
Übersetzung: SAW Communications, Christa Trautner-Suder
Lektorat: Dr. Sabine A. Werner
Satz: SAW Communications in Zusammenarbeit mit alles mit Medien, Anke Enders
Umschlaggestaltung: Atelier Versen, Bad Aibling

Verlagsgruppe Random House FSC® N001967

FSC www.fsc.org
MIX
Papier aus verantwortungsvollen Quellen
FSC® C043106

Druck und Bindung: Grafisches Centrum Cuno, Calbe (Saale)

Printed in Germany